사람의 마음을 **47**가지
움직이는 **심리학**
법칙

사람의 마음을 움직이는 **47가지** **심리학** **법칙**

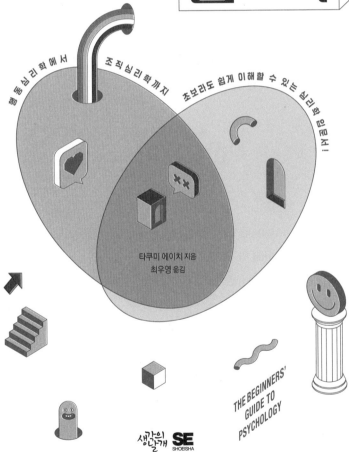

행동심리에서 조직심리학까지 초보라도 쉽게 이해할 수 있는 심리학 입문서!

타쿠미 에이치 지음
최우영 옮김

THE BEGINNERS'
GUIDE TO
PSYCHOLOGY

생각의날개 **SE** SHOEISHA

CONTENTS

PART 2 응용심리학

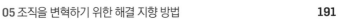

THE BEGINNERS' GUIDE TO PSYCHOLOGY

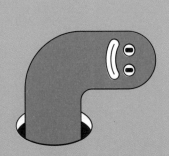

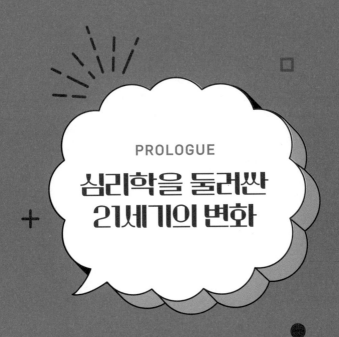

PROLOGUE

심리학을 둘러싼
21세기의 변화

01
배움을 나누는 문화가
교육을 혁신한다

실천 공동체

심리학 포커스

코로나 시대에 급속도로 디지털 사회화가 진행되면서 사람들 간의 친목 활동뿐만 아니라 학습까지도 온라인으로 하는 경우가 많아졌다. 그러면서 학력 저하에 대한 우려도 생겨났다. 나는 과거 애플리케이션 개발 회사의 자문을 위해 MAC PC 이용의 유용한 방법들을 조사했다. 그 조사 결과 PC 이용 자체가 중요한 것이 아니라 배움을 나누는 문화가 학습의 동기를 강화함을 알 수 있었다.

✚ 기술은 혼자보다 커뮤니케이션을 통해 배우는 것이 좋다

80년대 후반 당시, 미국 애플에서는 교육 지원 프로젝트의 일환으로 수만 대의 PC를 일본 초, 중학교에 기부했다. 그 PC 수업을 배운 졸업생들 중 무작위로 선택하여 추적 조사한 결과, 해당 수업을 받지 않은 졸업생과 비교했을 때 대학 진학률이 무려 2배 이상이었다. 이 조사에서 생각할 수 있는 요인 한 가지는 PC 수업이 교사로부터의 일방적인 배움이 아니었다는 점이다. 당시 PC 수업에서는 시행착오와 새로운 사용법을 발견하는 즐거움이 있었다. 학생들은 상의해가며 그림을 그리거나, 작곡하거나, 다른 학교 학생들과 통신도 했다. 성적이

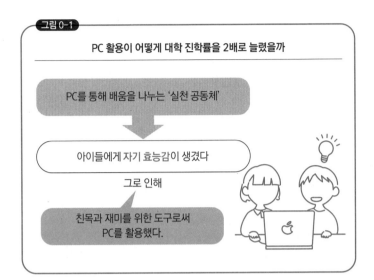

그림 0-1

PC 활용이 어떻게 대학 진학률을 2배로 늘렸을까

PC를 통해 배움을 나누는 '실천 공동체'

아이들에게 자기 효능감이 생겼다

그로 인해

친목과 재미를 위한 도구로써
PC를 활용했다.

저조했던 학생들도 자신이 알아낸 것을 선생님이나 다른 학생들에게 가르쳐줄 수 있었다. 이렇게 서로 배움을 나누는 문화가 학생들에게 자신감(자기 효능감)을 갖게 했고 새로운 능력과 가능성에 영향을 준 것이다. 즉, 학습력을 갖추게 된 열쇠는 어떤 정보에 관해 다른 사람과 서로 배움을 주고받는 **실천 공동체**에 있다는 것이다. 지금을 예로 들면, 서로 정보를 나눌 수 있는 SNS나 학습 앱 등은 이 이론에 아주 적합하다.

실천 공동체(community of practice)

E. 웽거와 J. 레이브의 이론으로, 전문 기술이나 같은 목적을 지닌 집단·조직을 말한다. 학습과 능력 발달에 대한 새로운 방법으로서 90년대 이후로 관심을 받게 됐으며, 이에 따라 도제(徒弟)적인 학습의 효과가 다시 주목받게 됐다.

02
심리학이 다양화되면서 오해가 생겼다

심리학 포커스

현재는 사람의 마음을 이해하기 위해서 일반적인 심리학 이외에도 AI(인공지능)를 전제로 한 인지과학과 진화심리학, 행동경제학 등 새로운 '마음의 과학'이 생겨나고 있다. 심리학이 다양화되는 한편, 잘못된 전문가의 이미지도 확산되고 있다. 말이나 용모가 사람에게 어떠한 인상을 주는지를 이해할 수 있다면 무엇이 심리학이고, 무엇이 심리학과 무관한지를 구분할 수 있다.

✚ 자칭 전문가가 넘쳐나는 시대의 '심리 전문가'에 대한 오해

'심리학은 왠지 미덥지 않다'는 사람도 있으리라 생각한다. 그렇게 느끼게 된 것은 '사람을 조종할 수 있다'고 주장하는 글이나 마치 전문가인 것처럼 행세하는 유명인이 쓴 글이 원인이 됐다고 본다. 이러한 글에는 해외 심리학자의 실험 결과만을 늘어놓고, 그 실험 상황이나 전제에 관해서는 설명하지 않는 경우가 많다. '무의식의 힘', '뇌는 ○○하다'와 같은 식의 말에는 '**할로 효과**'가 더해져서 이해가 안 되는 것도 이해가 되는 듯한 기분이 들게 만드는 효과가 있다.

손에 들고 있는 공의 색깔을 맞추는 것 따위는 TV 연출 등과

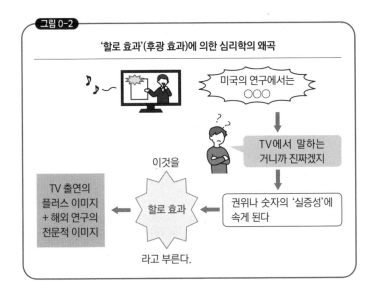

그림 0-2

'할로 효과'(후광 효과)에 의한 심리학의 왜곡

미국의 연구에서는 ○○○

TV에서 말하는 거니까 진짜겠지

권위나 숫자의 '실증성'에 속게 된다

이것을

할로 효과

라고 부른다.

TV 출연의 플러스 이미지 + 해외 연구의 전문적 이미지

같은 조건과 상황이 갖추어진 상태이기 때문에 가능한 것이다. 전문가라고 하더라도 무턱대고 해외의 연구 사례를 보여주거나 권위적인 것에만 매달리는 듯하다면 한발 물러서서 보는 편이 낫다.

키워드 심리학

할로 효과(halo effect)

'후광 효과'라고도 부르며, 권위나 외모, 자세 등에 영향을 받는 효과를 말한다.

03
근면한 사람의 행복감이
낮은 이유

행복의 패러독스　플로우

심리학 포커스

일본인은 부지런하기 때문에 일을 잘한다고 한다. 하지만 다른 나라와의 비교 조사에서 그것이 '겉보기 근면성'이라는 특징을 알게 됐다. 어떻게 하면 이러한 '겉보기 근면'이 진짜 근면이 될 수 있을까? 이것은 그 일에 얼마나 몰두할 수 있는지에 달려 있다. 행복감의 시작점을 여기서부터 생각해보자.

✚ 어째서 근면한 사람은 행복감이 낮은 것일까?

　　'행복'이라고 하는 감정을 측정하는 것은 상당히 어려운 일이다. 행복에 대해서는 세계적으로도 그 문화와 민족 간의 차이가 크기 때문이다. 여기서는 행복감을 3가지 지표(직장 만족도, 사회 변화에 대한 기대감, 자존감)로 살펴보겠다. 지금까지 조사된 행복감(지표로서 직장 만족도와 사회 변화에 대한 기대감)을 다른 나라들과 비교했을 때, 그림 0-3-①처럼 크게 낮은 수치가 나타났다.

　이 조사 결과에서는 직장 만족도와 사회 변화에 대한 기대감을 알 수 있는데, 이는 모두 미국에 비해 60% 정도의 수치로 선

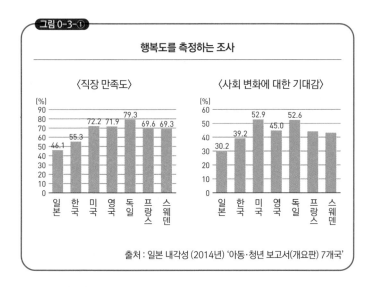

그림 0-3-①

행복도를 측정하는 조사

〈직장 만족도〉

출처 : 일본 내각성 (2014년) '아동·청년 보고서(개요판) 7개국'

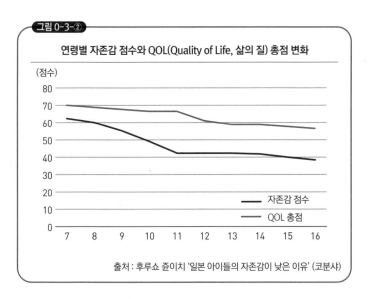

그림 0-3-②

연령별 자존감 점수와 QOL(Quality of Life, 삶의 질) 총점 변화

출처 : 후루쇼 쥰이치 '일본 아이들의 자존감이 낮은 이유' (코분샤)

진국 중에서는 가장 낮은 수준이다. 또한 그림 0-3-②에 나타나듯이 자존감이 7~16세의 약 10년 동안 10점 이상 떨어지고 연령이 높아짐에 따라 더욱 감소한다는 것을 알 수 있다. 이런 결과를 볼 때, 일본인은 자존감을 갖지 못한 채 의기소침하게 살아가고 있다고 할 수 있다.

조직심리학자인 **오오타 하지메**는 일본인의 낮은 직장 만족도를 통해, 일본인의 근면성을 표면적인 것이라고 보고, 의무감을 비롯하여 타인을 과도하게 의식하는 동조 의식의 작용에 의한 것이라고 지적했다. 즉, 일은 의무이며 모두가 하기 때문에 할 수 밖에 없는 수동적인 모습을 보인다는 것이다.

➕ 행복을 추구하면 행복이 멀어지는 '행복의 패러독스'

그 순간은 힘들다고 느꼈지만, 시간이 지나고 자신이 무언가를 위해 노력했던 경험을 떠올리며 행복하다고 느끼는 순간이 있다. 예를 들어 신혼 때는 경제적으로 힘들었지만, 열심히 일하고 부부가 서로 힘을 합쳐 어려웠던 일들을 극복해온 경험 같은 것이다. 아니면 산을 오를 때처럼 오르고 있을 때는

키워드 심리학

겉보기 근면성

도시샤 대학에서 조직심리학을 연구하는 오오타 하지메는 주변의 시선을 의식하는 동조 의식에 의해 생겨나는 근면성을 '겉보기 근면성'이라고 불렀다.

힘들지만, 그러한 경험을 통해 자신감이 생기거나 무언가를 달성한 기분을 느끼게 되는 경우도 있다. 이것은 '행복의 패러독스(the paradox of happiness)'라고 불리는 것으로, 행복은 결과가 아니라 과정에 있다는 인생의 '모순'을 나타낸다.

또, 그림 0-3-②의 연령별 자존감 저하 경향에서도 알 수 있듯이, 일본인은 유교의 영향으로 겸손을 중요하게 생각하고, 자만하지 않으려다 보니 자존감이 낮아 보인다는 이야기도 있다. 그 때문에 여러 차례 반복해서 행복도를 조사하거나, 익명으로 설문을 하게 되면 자존감이 조금 높아지는 경우도 있다. 하지만 이것은 5% 내외의 상승폭으로, 최저 레벨을 커버할 수 있을 정도는 아니다. 즉, 이처럼 자존감이 낮은 것은 현실에 희망이 없다는 폐색감(막힌 듯한 답답한 상황에서 느끼는 무력감)과 혼자서는 아무것도 할 수 없는 사회 분위기가 반영됐다고 할 수 있다.

어떻게 하면 행복감의 모순을 극복하고 행복을 얻을 수 있을까? 이것에 대한 힌트는 긍정심리학자인 M. 칙센트미하이가 정의한 '**플로우(flow)**'에서 찾을 수 있다.

'플로우'는 흘러가는 듯한 감각으로 일에 몰두하고 있는 상

 플로우(flow)

긍정심리학자인 M. 칙센트미하이의 행복감에 대한 개념. 자신의 능력을 발휘하면서 시간도 잊을 만큼 몰두하며 집중하고 있는 상태를 말한다.

태를 말한다. 행복감이란 어느 한 시점에 자각하기가 힘들지만, 이 '플로우'를 평소에 하는 일까지 확장한다면 행복을 얻을 수 있다. 즉, 자신의 일에 열중할 수 있다면, 그것만으로도 이미 행복의 길을 걸어가고 있다는 자신감을 가져도 된다는 것이다.

연습 문제

'행복의 패러독스'에서 말한 것처럼, 심리학은 모순된 인간의 모습을 분명하게 분석한다. 그 결과 인간의 한계와 가능성을 볼 수 있게 해준다. 여기에서는 일상 생활 속에서 '생각하는 것'과 '행동하는 것'이 모순되는 경우(패러독스)를 3가지 들어서, 스스로 이것을 어떻게 해결할 수 있을지 생각해보도록 하자.

??? 해답 예시

이 문제는 심리학으로서는 '인지적 불협화의 해소'와 '원인 귀속'이라고 하는 내용과 관련이 있다. 행동과 사고는 일치하기보다 오히려 모순되는 것이 당연하다. 그렇게 생각하는 것이 자신을 개선할 수 있다. 다만, 여기까지 자각할 수 있을지는 당사자의 인식 능력에 달려 있다. 이러한 관점에서 내 경우를 예로 들자면 다음과 같다.

'생산성을 생각하며 행동하려고 한다 ⇄ 책을 정리하는 것이 귀찮다'

이 모순이 무엇에서 생겨났는지 생각해보면, 다음과 같은 인식이 가능하다.

'책장에 책을 수납할 공간이 더는 없는데, 어떻게 정리할지는 생각도 하지 않고 단순히 책이 갖고 싶다는 생각만 한다'

즉, 단기적인 이점(이 책을 꼭 갖고 싶다)이 우선시되어 나중 문제를 고려하지 않았기 때문이다. 이러한 행동은 '현재 지향 바이어스(122페이지 참조)'로 설명할 수 있다.

THE LAWS OF
PSYCHOLOGY

기초심리학

PART 1

기초심리학은 마음의 작동과 원리를 분명하게 연구하는 학문이다.

기초라고 해도 아주 다양한 분야가 있다.

이 책에서는 특히 응용심리학에 영향을 준 내용을 선택했다.

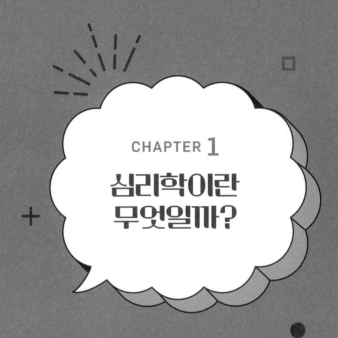

CHAPTER 1

심리학이란
무엇일까?

01
심리학은 사회의 진보와 함께
발전한다

심리학 포커스

심리학의 역사를 알면 그 시대의 기대와 관심을 알 수 있다. 전시 상황에는 군대의 훈
련에 도움이 되는 역할을 했고, 경제 문제가 심화되면 생산성 향상에 도움이 되는 역
할을 했다. 이러한 사회 변화, 문화와 연동된 심리학 역사의 흐름을 알면, 우리 자신
의 고민에 대해서도 넓은 시야를 가질 수 있다.

✚ **심리학에 있어서 임상계와 실험계의 대립 역사**

심리학의 연구에는 크게 '우울증이나 정신 질환과 같
은 병을 치료하는 연구 영역'과 '일상 생활 및 직장에서 좋은 인
간 관계와 조직을 만드는 것에 대한 효과와 창조성을 주제로 하
는 연구 영역'이 있다. 전자를 주도한 것은 '무의식'을 발견한 S.
프로이트와 C. G. 융 등의 임상계 학자들이며, 후자를 주도한
것은 '실험심리학의 아버지'라 불리는 W. 분트와 발달심리학자
인 J. 피아제와 같은 실험계 학자들이다.

이 외에도 3번째 연구 영역으로는 카운슬링으로 유명한 C. R.
로저스와 욕구단계론을 창시한 A. H. 매슬로의 '인간성심리학

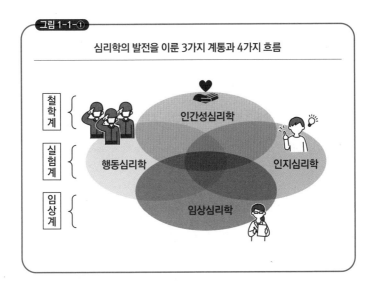

그림 1-1-①

심리학의 발전을 이룬 3가지 계통과 4가지 흐름

철학계 {
실험계 {
임상계 {

인간성심리학

행동심리학

인지심리학

임상심리학

(humanistic psychology)'이 있다. 이것은 인간의 사랑과 희망이라고 하는 가치관을 중요시하며 '살아가는 의미' 등을 설명하는 심리학인데, 임상계와 실험계의 중간파라고도 할 수 있다.

이 3가지 심리학의 흐름은 학회 사이에 교류가 없고 사용하는 전문용어도 다르다. 그 때문에 미국을 중심으로 하는 심리학은 실험계인 '행동심리학'이 보급됐고, 유럽에서는 90년대까지 임상계의 프로이트와 융이 높은 위치를 차지하게 됐다. 전후에 미국을 중심으로 과학으로서의 심리학을 철저하게 밀어붙인 사람들은 B. F. 스키너를 비롯한 행동심리학자들이었다. 행동심리학은 국가정책으로서 군대의 강화를 목적으로 한 미국을 중심으로 70년대까지 주류가 됐고, 이후에는 J. 브루너 등이 주창한 실험계인 '인지심리학(cognitive psychology)'이 하버드 대학 등을 거점으로 보급됐다. 그리고 80년대 후반부터는 정보과학도 함께 다루기 시작한 H. 가드너 등의 실험과 임상을 포함한 종합계인 '인지과학(cognitive science)'이 새롭게 주목받았다.

✚ **언어와 뇌, 그리고 문화의 과학을 접목한 새로운 심리학의 흐름**

또, 이때부터 브루너도 인류학의 연구에서 설화나 민화의 이론을 받아들이기 시작한다. 그리고 이것은 80년대 후반에 '드라마 감각(sense of drama)'의 개념 등 내러티브심리학(narrative psychology)에 대한 가교를 만들었다고 할 수 있다. 내러티브심리학은 인식을 만들어내는 이야기와 비유의 심리를 살린 종합계 심리학으로 과학적 설명을 만능으로 생각하는 것이 아니라, 말하는 사람의 의미를 중요시한다.

브루너는 아프리카 원주민과 이누이트족에서 전해지는 민화와 우화에 인생의 의미와 자연에 대한 경배와 같은 가치관을 후세에 전하는 힘이 있다고 주장했다. 말하는 행위 그 자체가 살아있는 배움을 만들어낸다는 것이다.

내러티브심리학은 다른 분야, 특히 의사가 객관적인 치료의 언어로 환자에게 설명하는 '의료의 자세'에도 영향을 미치게 되었다. 예를 들어 의사가 환자에게 '암 발생률은 80%지만, 방사선 치료로 60% 정도 나을 수 있다'고 설명하는 것은 과학적으로는 타당하다. 하지만 환자 측에서 보면 나을 가능성이 어느 정도인지 이해하기 힘들다. 또, 사실만을 말한다는 것도 환자의 기분을 고려했다고는 할 수 없다.

같은 내용을 만약 '같은 병을 앓고 있던 A씨도 불안감 때문에 방사선 치료를 굉장히 싫어했지만, 생활 습관 조절도 병행하면서 3개월 후에는 밖에 외출하실 수 있을 정도까지 나아졌습니다'와 같이 이야기한다면 어떨까? 환자에게 맞추어진 '이야기'의 표현에 의해 치료에 대한 이미지가 생기고, 안심을 줄 수 있을 것이다. 이것은 '내러티브 메디슨'이라고 불리는 것으로, 이처럼 이야기가 갖는 힘이 무엇인가에 대한 테마는 현대 심리학에 있어서도 새로운 화제가 되고 있다.

그리고 90년대 이후부터는 임상계나 실험계와는 다른 사회·문화계라고 불리는 새로운 영역이 생겨나게 된다. 이것이 발달 심리학자인 L. 비고츠키로부터 Y. 엥게스트롬에 이르는 **'액티비**

키워드 심리학 액티비티 이론(activity theory)

Y. 엥게스트롬의 발달이론이며, L. 비고츠키의 '근접발달영역'을 계승한 이론이다. '매체'는 언어와 신호의 작용을 포함한 도구, 환경 등을 의미하며, 또한 사회문화적인 기초로서 규칙과 역할, 제도 등을 포함한 전체의 상호 작용과 '모순'이 발달의 원천이라고 보았다.

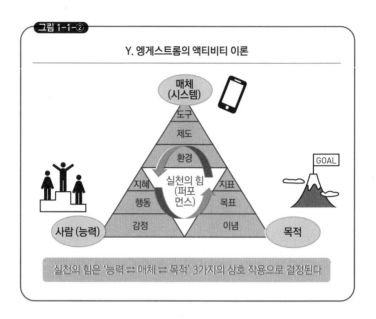

그림 1-1-②

Y. 엥게스트롬의 액티비티 이론

매체
(시스템)

도구

제도

환경

지혜　실천의 힘　지표
(퍼포
행동　먼스)　목표

감정　　이념

사람 (능력)

목적

GOAL

실천의 힘은 '능력 ⇄ 매체 ⇄ 목적' 3가지의 상호 작용으로 결정된다

티 이론(활동이론)'이다. 이 이론은 그림 1-1-②처럼 사회적인 시스템이나 무엇을 목적으로 하는지가 사람의 실천력을 '구성한다'고 하는 '**사회구성론**'의 견해를 토대로 하고 있다.

또, 환자를 대하는 의사의 설명에서도 단순히 대화적인 관계만이 아니라 어떤 매체와 시스템을 활용할지 생각할 필요가 있다. 그것이 언어인지, 그림인지, 디지털 도구인지에 따라 환자가

키워드 심리학　사회구성론(social constructionism)
　　객관적인 것을 관찰하여 이해하려고 할 때, 인식이 사회적인 환경, 문화에 의해 '구성된다'고 보는 K. 거겐의 주장. 모든 기억, 사고, 감정은 사회적으로 검증된 것들이며 진정한 '그대로'의 인식은 존재하지 않는다고 했다.

받아들이는 방법도 달라지기 때문이다. 의사가 AI(인공지능)를 사용하는 경우, AI에 환상을 가진 환자라면 과도하게 의사의 말을 믿게 될지도 모른다. 이러한 '이야기'×'시스템'이라고 하는 상호 작용을 고려하는 것이 액티비티 이론의 견해이다.

다른 한편, 미국 주체의 행동심리학은 가설 검증을 이용한 과학을 지향했는데, 이때는 인간의 사고나 감정인 '직관', '사랑', '용기', '희망'과 같은 것은 테마로 삼지 않았다.

✦ 2000년대 이후에 주목받은 긍정심리학

2000년대 들어서 심리학의 흐름은 크게 바뀌게 된다. 그 상징적인 것이 '긍정심리학'인데, 1998년 미국 펜실베이니아 대학의 M. 셀리그먼이 주최한 전문학회가 열린 것을 계기로 하여 펜실베이니아 대학과 스탠포드 대학(K. 맥고니걸) 등을 중심으로 유럽의 비즈니스 스쿨에서 인기 강좌가 되며 주목받기 시작한다.

다만, 긍정심리학은 지금까지의 연구들이 상호 간에 영향을 받아서 만들어낸 성과로, 이를 전문으로 하는 특수한 학문 영역의 연구자가 발견한 것이 아니다. 이런 의미에서 '긍정심리학'이라고 하는 명칭 자체에 반대하는 학자도 있다.

최근에는 마음의 종합과학으로서 인지과학과 뇌신경과학, 문화심리학, 진화심리학, 행동경제학 등이 알려지고 있다. 그 결과, 지금까지는 검증되지 않았던 다양한 감정과 사고, 심리를 뇌와 관련지어 실증할 수 있게 됐다.

예를 들자면, 히타치 그룹이 추진하고 있는 IC카드를 부착한 신체의 움직임으로 심리를 파악하는 실험이나, 유니클로처럼 AI와 연계하여 실시간으로 상품 구입 진단을 하는 것 등을 이야기할 수 있다. 이러한 것들을 통해 기업에서도 심리학을 비즈니스에 적극적으로 활용하고자 하는 모습을 엿볼 수 있다.

02
살아가는 의미를 이야기하는 심리학

심리학 포커스

당신이 살아가는 의미는 무엇인가? 이러한 질문에 명확하게 대답할 수 있는 사람은 많지 않을 것이다. 이와 관련하여 A. 아들러는 열등감이 성장의 원동력이 된다고 주장하면서 인간의 긍정적인 면에 주목했다. 만약 당신이 취직이나 결혼 등 인생의 중요한 선택을 고민하고 있다면, 아들러의 심리학을 통해 한발 앞으로 나갈 용기를 얻을 수 있을 것이다.

✚ 변명으로 인생의 중요한 문제로부터 도망치려는 이유는 무엇일까?

　　　　당신의 자녀가 교사의 폭력을 이유로 등교를 거부하고 있다고 가정해보자. 이것은 한편으로는 어쩔 수 없는 상황처럼 보인다. 하지만 그로부터 시간이 흘러서 중학교에서도, 고등학교까지도 같은 이유로 학교에 가지 않는다고 한다면 어떨까? 혹시 폭력 교사를 이유로 인생의 문제(공부나 친구 관계)를 회피하고 있는 것은 아닐까?

✚ 아들러 심리학의 주축이 되는 '열등 콤플렉스'

　　　　아들러는 이처럼 인생의 문제에서 도망칠 때 작용하

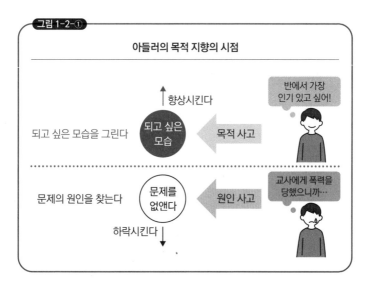

그림 1-2-①

아들러의 목적 지향의 시점

↑ 향상시킨다

되고 싶은 모습을 그린다　　되고 싶은 모습　← 목적 사고　반에서 가장 인기 있고 싶어!

문제의 원인을 찾는다　　문제를 없앤다　← 원인 사고　교사에게 폭력을 당했으니까…

↓ 하락시킨다

는 심리를 '열등 콤플렉스(inferiority complex)'라고 불렀다. 열등감 자체는 모두에게 존재하지만, '열등 콤플렉스'는 이러한 것들이 복잡하게 뒤틀린 상황을 의미한다. 앞선 사례로 이야기하자면, 교사에게 폭력을 당한 경험 자체는 지워버릴 수 없다.

　과거에서 문제의 원인을 찾는 '원인 사고'는 일반적으로는 '필요'하지 않다(그림 1-2-① 참조). 마음의 문제는 원인이 하나가 아니라 복잡하며 상호적으로 영향을 미친다. 이것이 중요한 이유는 문제의 원인을 찾는 데 매몰되면 마음이 피폐해지기 때문이다. 따라서 미래에 되고 싶은 모습을 찾는 '목적 사고'가 필요하다고 할 수 있다.

✦ '공동체 의식'이 살아가는 의미를 부여한다

이러한 주장은 인간의 가능성과 용기, 희망과 같은 인간성을 중시하는 A. H. 매슬로의 '인간심리학'에 속한 것이다.

아들러는 이것을 **'개인심리학'**으로 이론화했으며, 이것을 요약하자면 개인심리학의 포인트는 그림 1-2-②처럼 '의미 부여', '목적 지향', '생활 방식' 등 세 가지로 볼 수 있다.

아들러는 프로이트의 성적인 것에 대한 견해와 과거 유아기 때의 경험에 대한 집착에 의문을 갖고, 반대로 미래에 무엇을 위해 살아갈지에 대한 선택과 목적을 중요시했다.

프로이트의 무의식 이론으로는 미래의 선택지가 줄어들게 된다. 이것은 유아기 때의 경험이나 성적인 것으로는 설명이 되지 않기 때문이다. 그 때문에 '살아가는 의미'는 자신이 생각하여 선택하지 않으면 안 된다.

이 원리의 기반에 있는 것은 다른 사람을 동료로서 생각할 수 있는 '공동체 의식'이다. '공동체 의식'은 집단과 커뮤니티 상호 간의 유대감에 가까운 개념이다.

이러한 세 가지 관점은 우리에게 있어서 '말은 쉬워도 실천은

개인심리학(individual psychology)

'개인심리학'은 아들러 심리학의 공식 명칭이지만, '전체적인 인간'이라는 의미인 'individual'(분리할 수 없는 개인)을 포함하고 있다. 즉, 원래의 의도는 '전체적인 인간 심리학'이라고 할 수 있다.

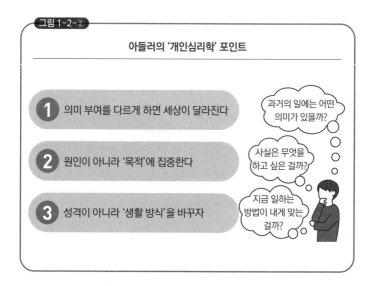

그림 1-2-②

아들러의 '개인심리학' 포인트

1 의미 부여를 다르게 하면 세상이 달라진다

과거의 일에는 어떤 의미가 있을까?

2 원인이 아니라 '목적'에 집중한다

사실은 무엇을 하고 싶은 걸까?

3 성격이 아니라 '생활 방식'을 바꾸자

지금 일하는 방법이 내게 맞는 걸까?

어려운 것'이지만, 인생의 문제를 회피하는 습관을 바꾸는 힘이 될 것이다.

03
구몬식 산수를 배우면 정말 효과가 있을까?

행동심리학의 역사

심리학 포커스

구몬식 산수에서는 학습을 통해 문제를 풀 때 실수를 최대한 줄일 수 있도록 연구된 교재를 사용한다. 그 특징은 쉬운 문제부터 시작하여 서서히 어려운 문제를 풀게 하는 것이다. 사실 이러한 방식의 원리에는 정석적인 행동심리학의 원리가 사용되고 있다. 이 방법은 배움을 습관화하는 데 최적의 방법이지만, 결점도 있음을 이해해야 한다.

✚ **과학으로서의 심리학은 눈에 보이지 않는 마음보다 눈에 보이는 행동을 분석한다**

　　　　과학으로서의 심리학을 지향하는 실험심리학의 원조라고 일컬어지는 사람은 독일의 생리학자 W. M. 분트다. 그리고 1910년대에는 시카고 대학의 J. B. 왓슨이 과학을 중시하여 관찰할 수 있는 행동만을 대상으로 한 '행동주의심리학(행동심리학)'을 만들었다. 그는 분트를 비판하며, '자극(S)과 반응(R)만

키워드 심리학

S-R 이론

　자극(stimulus)에 대한 반응(response)의 관계를 축으로 한 조건 반응 이론의 기본 원리를 말한다. 동물 훈련의 원리이기도 하며, 행동주의심리학의 출발점이라고 할 수 있다.

으로 행동을 설명하는 'S-R 이론'을 주장했다.

이것을 발전시킨 하버드 대학의 B. F. 스키너는 동물 실험을 중심으로 연구하여, 자발적으로 선택하는 '오페란트 학습 이론'을 만들었다. 예를 들어 비둘기를 상자 안에 넣고, 왼쪽 버튼을 건드리면 먹이가 나오는 장치를 만들어 두었다. 그렇게 하면 처음에는 우연히 왼쪽 버튼을 건드렸을 때 먹이가 나온다는 '보수'의 자극을 경험하게 된다. 그 시행착오를 반복하다 보니 어느 순간 비둘기는 자신의 선택으로 왼쪽 버튼을 누르게 됐다.

이것이 '오페란트 학습(operant conditioning)'이라고 불리는 것으로, 구몬식 학습에서도 폭넓게 이용되고 있다. 빨간색 동그라미가 좋은 보수가 되고, 선생님의 칭찬 역시 좋은 보수가 되어 정답을 맞추는 행동을 촉진시키게 된다.

이러한 행동심리학에 의한 학습법은 학습의 습관 행동을 정착시키는 데 아주 좋다. 하지만 반대로 마음의 **표상**(이미지나 의미) 등 내적인 마음은 무시하게 되는 면이 있다. 정답과 같은 결과만을 중시할 뿐, 그 의미나 이해 등은 경시하기 때문이다.

키워드 심리학 표상(representation)

심리학에서는 '심리 표상'이라고 부른다. 이미지와 언어, 신호 등, 마음 속으로 그려내는 것을 지칭한다. 예를 들어 '붉은 사과'의 경우, '붉은 색'은 사과의 이미지 자체를 말한다.

이러한 면에서 사고력을 기르는 종합 학습과 잘 조합하는 학습 전략이 필요하다고 할 수 있다.

04

실수는 왜 생길까?

심리학 포커스

공식을 기억하고 문제를 풀 수 있어도 납득은 되지 않았던 경험이 있었을 것이다. '알고 있다'는 상태와 '납득이 된다'는 느낌의 차이는 무엇일까? 이러한 이해와 인지를 해석하는 것이 '인지심리학'이다. 착각과 실수에는 인지 부조화와 동시에 합리적인 이유가 복합적으로 나타난다. 이것을 알면 같은 실수를 줄일 수 있게 된다.

✚ **100명 중에 1명은 닭다리를 4개로 그린다?**

인지심리학에서는 사람이 어떻게 사물을 기억하고 행동하는지에 관한 인지 프로세스를 분석, 검증하는 것이 연구의 기본이다. 그 때문에 착각과 실수가 일어나는 빈도와 무엇을 어떻게 이해하고 있는지를 주변의 상황까지 포함하여 상세하게 조사해야 한다. 특히 최근에는 실험적인 조건을 설정하여 제한적으로 관찰하는 것보다 일상에서의 '상황 인지'가 중요해지고 있다.

일상에서 직감적인 사고를 발휘하는 것을 '휴리스틱스(heuristics)'라고 하는데, 이것은 심리학에서 '1차적 사고'라고 부른다. 또, 이것과 다르게 시간을 들여 천천히 사고하는 '2차적 사고'가 있다. 사람은 이 두 가지 사고를 상황에 따라 적절히 나누어 사용하고 있다(**이중 과정 이론**).

사람은 아무것도 생각하지 않고 직관적으로 사고하는 1차적 사고 쪽이 많은데, 여기서 이상한 실수가 생기는 경우가 있다. 이 실수의 원인을 찾게 되면 인식의 본질을 알 수 있다.

예를 들어 닭을 그릴 때 다리를 4개로 그리는 사람이 100명 중에 1명 정도 있다는 조사가 있었다. 그 원인을 분석해보면 '**대표성 휴리스틱스**'라고 부르는 전형적 판단이 작동했다고 생각할 수 있다.

그림 1-4(41페이지 참조)에 나온 것처럼 사람들은 닭을 그릴 때 일반적으로 머리부터 목, 몸, 엉덩이, 다리 순서로 그림을 그린다. 이렇게 그리다 보면 닭의 몸을 길게 그리게 되는데, 전체가 옆으로 길어져서 불안정해진다. 그러면 자기도 모르게 다리를 4개로 그리게 될 수도 있다는 것이다. 이것은 보통 가축의

이중 과정 이론

인식에 대한 사고의 두 가지 타입으로서, 직관적이며 가벼운 자동 사고인 '1차 시스템'과 반성적이며 자각적인 '2차 시스템'의 분류를 말한다. 상황과 목적에 따라 둘 중 한 가지를 선택하여 사고한다는 이론이다.

대표성 휴리스틱스(representativeness heuristics)

일반적인 상황에서 어떠한 대상을 인식하는 전형적인 판단과 이미지를 말한다. 예를 들어 '새'를 떠올릴 때 대표적인 것은 비둘기와 참새이지, 타조가 아니라는 것이다.

다리가 4개라고 인식하는 대표성 휴리스틱스의 작용이라고 볼 수 있다.

　나 역시 5,000명 정도를 조사해보았는데, 의과대 학생들조차도 이런 실수를 하는 경우가 있었다. 경험을 통한 기억에서 무언가를 표현하는 것은 사진처럼 쉽게 외부에 꺼내 놓을 수 있는 것이 아니라는 점을 이해해야 한다.

　예를 들어 새로운 막걸리 병 제작을 기획할 때는 기존의 막걸리 병 모양을 바로 떠올리지 않게 하는 것이 중요하다. 대표성 휴리스틱스의 함정에 빠져서 막걸리 병의 전형적인 형태에 사로잡혀버리기 때문이다. 이런 경우 와인 병처럼 다른 종류와 비교하는 편이 훨씬 좋은 대비 효과를 만들어 낼 수 있다.

　이런 점에서 무언가를 떠올릴 때 생기는 실수를 막기 위해서는 자신이 경험한 기억을 과신하지 않고, 다시 한번 차분하게 시각을 바꾸어 보는 것이 중요하다.

그림 1-4

표현 활동(그림 그리기)의 심리 분석

일반 학생
특징 ① 머리부터 끝까지 선을 이어서 몸통을 길게 그린다 ② 균형이 맞지 않는다

그림을 배운 학생
특징 ① 먼저 전체 형상을 그린다 ② 균형을 맞출 수 있다

다리를 4개나 그리는 실수의 원인은?

기억을 '표현한다'고 하는 잘못된 생각

표현하는 과정에서 기억에 없었던
다리가 4개인 닭을 그리게 된다

포인트

● **닭을 그리는 행동에 두 가지 '인지 바이어스'가 영향을 미친다?**

⇒ **'대표성 휴리스틱스'**

… 개와 고양이 등의 전형적인 가축 동물이라고 생각해버린다

⇒ **'신체의 균형'**

… 머리, 목, 몸통의 전체 이미지

05
긍정적인 사람이 성공하는
것은 정말일까?

긍정심리학 행복 우위성

심리학 포커스

심리학에서 '행복감'이라는 연구 테마가 등장한 것이 2000년대 이후라고 이야기하면 의외라고 생각할지도 모른다. 하지만 이제 '행복감'은 전 세계적으로도 주목의 대상이 됐다. 특히 '지속적인 행복감'은 사고력과 끈기를 강하게 만든다.

✚ 자기의 행복감을 추구하는 위험성은?

긍정심리학의 창시자라고 불리는 펜실베이니아 대학의 M. 셀리그먼은 불안과 병을 없애는 것이 아니라, 행복과 탁월성을 목표로 하는 심리학인 **'행복 우위성'**을 주장했다. 과거 30년간 심리학의 연구 문헌을 조사해보면 90% 이상이 부정적인 주제였다고 한다. 이렇게 한쪽으로 치우친 연구들을 시정하고자 한 것이 바로 '긍정심리학'이다. 특히 일상적인 행복감을 '웰

행복 우위성(happiness advantage)

성공한 후에 행복이 오는 것이 아니라, '행복하기 때문에 성공한다'고 주장하는 긍정심리학의 원리를 말한다. 다만, 개인의 행복을 추구하는 것이 아니라 사회적인 공헌과 가치에 대한 참가 과정을 중요시한다는 점에 주목할 필요가 있다.

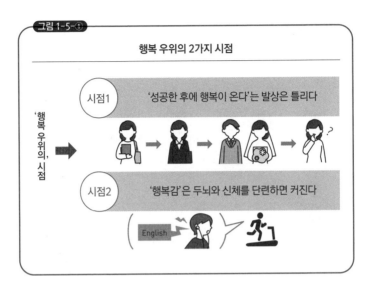

그림 1-5-①
행복 우위의 2가지 시점

'행복 우위의, 시점'

시점1 '성공한 후에 행복이 온다'는 발상은 틀리다

시점2 '행복감'은 두뇌와 신체를 단련하면 커진다

English

빙(지속적 행복감: well-being)'이라고 정의하며 다음과 같은 시점을 강조했다.

그림 1-5-①처럼 많은 사람이 '성공하면 그 후에 행복이 온다'고 생각한다. '좋은 대학에 들어가고, 좋은 회사에 들어가고, 남부럽지 않은 결혼을 한다면, 그 후에는 행복하게 될 것이란 생각인데, 행복 우위의 제1시점에서는 이러한 것이 환상이며, 행복하기 위해서는 오히려 그 반대로 해야 한다고 주장한다.

제2시점은 행복은 기술이기 때문에 두뇌와 신체를 단련하게 되면 행복감이 커진다는 것이다. 이것들은 이미 '**마인드풀니스**'에서 두뇌와 신체의 실천적인 교육과 신경심리학의 연구에 의해

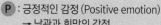

그림 1-5-②

웰빙의 5가지 요소 'PERMA'

P : 긍정적인 감정 (Positive emotion)
→ 낙관과 희망의 감정

E : 몰입 (Engagement)
→ 동료와의 유대감과 조직과의 일체화

R : 관계성 (Relationships)
→ 인간 관계의 좋은 점

M : 의미, 의의 (Meaning)
→ 인생과 생활 전체의 의미와 의의

A : 달성 (Achievement)
→ 일과 관심사의 성과 달성

실제로 증명됐다.

하지만 때때로 우리는 자신의 행복을 바라면서도 그것과 반대되는 행동을 하는 경우가 있다. 예를 들어 인기있는 새 차를 사서 친구에게 자랑했는데, 얼마 지나지 않아 이웃에서 더 고급 차를 구입했다면 어떨까? 이런 물질적인 형태의 행복감은 금방 사라져버린다.

키워드 심리학

마인드풀니스(mindfulness)
　　명상과 호흡법을 조합한 제3세대 심리치료법이라고 일컬어지며, 심신의 건강과 행복감을 높이는 등 자기 제어가 가능한 것을 말한다. 제1세대의 행동치료와 제2세대의 인지행동치료에 비교할 때, 일상의 간단한 트레이닝으로도 스스로 실천할 수 있다는 점에서 인기가 있다.

이러한 예시에서도 알 수 있듯이, 자신의 행복을 추구하는 것 자체에 리스크가 있다는 것을 깨닫게 된다. 행복은 좇으면 좇을수록 멀어진다. 즉, 행복이란 무엇인가에 근본적인 질문을 던지는 것은 중요한 일이지만, 이것을 '자신'의 행복감으로서 맹목적으로 추구한다면 불행해진다는 이야기이다.

긍정심리학회장이기도 한 셀리그먼은 70년대부터 학생들의 '**학습성 무력감**'에 주목했다. 그리고 군대나 학교 교육과 같은 교육기관이 배움에 대한 의욕을 높이지 못하고, 반대로 무기력감을 만들어내는 것에 통감했다. 이러한 문제 의식에서 그림 1-5-②와 같은 5가지 지속적 행복감의 원칙을 제시했다. 이 5가지 지표를 사용하여 자신의 지속적 행복감을 판단해보도록 하자. 각 5점으로 배점하면 된다.

모든 항목이 5점인 사람은 대학생 중에서는 10% 정도, 30대에서는 이보다 조금 떨어지고 50대에 다시 오르는 것이 일반적인 경향이다. 가장 점수가 낮은 연령대는 일을 제일 열심히 하는 40대이다.

학습성 무력감(learned helplessness)
긍정심리학자인 M. 셀리그먼은 '학습성 무력감 이론'을 통해 무기력은 학습되는 특징이 있다고 주장했다. 특히 장기적인 스트레스와 곤란을 겪은 사람은 그 상황에서 벗어날 수 있는 상황에서도 쉽게 포기하는 경향이 있다. 이것은 학교 제도에 대한 비판론으로도 주목받았다.

이러한 행복감의 사이클을 알게 된다면 자신이 어떻게 살고 싶은지, 자신의 장점을 어떻게 살릴 것인지를 알 기회가 될 것이다.

06
'자기다움'은
현재의 문화에서 생겨난다

문화심리학

심리학 포커스

국가와 민족을 넘어서 활동하는 글로벌 시대가 되면서, 문화의 차이가 심리학에서도 큰 주제가 됐다. 지금의 사회가 변화하려면 '집안일은 여성이 하는 일'과 같은 '스테레오 타입'의 문화와 개인의 심리 사이의 연결을 이해하는 것이 중요하다.

✚ 개인의 고민을 심리학으로 이해하는 방법

만약 직장 동료가 당신에게 '팀 리더 때문에 화가 나서 잠을 잘 수가 없다'고 이야기했을 때, 어떤 해결책을 생각할 수 있을까?

첫 번째는 바로 원인을 물어보고, 그 원인의 제거를 추천하는 방법이 있다. 두 번째는 먼저 상대방의 이야기를 들은 다음, 휴식과 명상 등 정신을 안정시키는 '마인드풀니스'의 활용을 추천하는 것이다. 세 번째는 분노가 생기기 전, 중, 후의 각 시간에서 포인트가 되는 개선 행동을 찾고, 바람직한 행동을 하도록 유도하는 '행동분석'과 같은 방법이 있다.

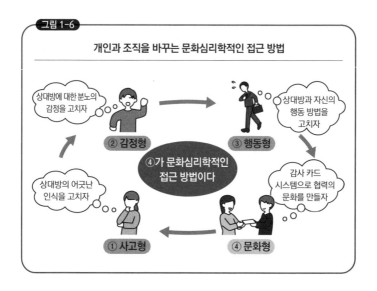

그림 1-6

개인과 조직을 바꾸는 문화심리학적인 접근 방법

상대방에 대한 분노의 감정을 고치자

② 감정형

상대방과 자신의 행동 방법을 고치자

③ 행동형

④가 문화심리학적인 접근 방법이다

상대방의 어긋난 인식을 고치자

① 사고형

감사 카드 시스템으로 협력의 문화를 만들자

④ 문화형

즉, 일반적인 카운슬링 방법으로는 그림 1-6처럼 ①사고적, ②감정적, ③행동적, 이렇게 3가지 대책을 적용할 수 있다. 여기서 어떤 것이 바람직한지는 획일적인 기준이 없다. 어떠한 방법도 경우에 따라 양면성이 있으며, 상황에 맞게 적용할 수 있는 선택지가 다르기 때문이다.

하지만 새로운 문화심리학적인 방법에서 생각해보면 여기에 또 한 가지, 네 번째 선택지가 있다. 그것은 **팀원끼리 '감사 카드'를 주고 받으며 교류의 기회를 만드는 등 '시스템'을 개선하는 방법**이다. 이는 개인만의 문제뿐 아니라, 서로에 대한 인식을 왜곡하는 특정 상황이 있다고 가정하는 것이다. 그런 경우는

팀원끼리 서로에게 진심을 이야기하거나 고마움을 표현할 기회
가 많지 않았으리라고 추측할 수 있다.

✚ 카운슬링의 한계와 문화심리학적 접근 방법

　　　　눈 앞에 있는 개인의 마음 문제만이라면 카운슬링으
로도 충분하다. 하지만 그 문제를 만드는 '배경'에는 시스템과
조직의 문화가 반영되고 있다는 점을 잊으면 안된다.

여기서 말하는 '문화'는 물리적인 것만이 아니라 제도나 규칙
도 포함된다. 즉, 회의에서 책상의 배치에 따라 발언의 순서나
논의의 내용에 변화가 생기는 이유는 자리의 위치에 지위와 명
예가 관련이 있다고 보는 문화 때문이다. 이러한 문화적인 시스
템을 이해하는 것은 단순히 두뇌의 작용과 마음을 이해하는 것
이 아니라, 그 배경이 심리 상황에 미치는 '영향'이 있음을 아는
것과 같다.

이처럼 문화심리학은 사람의 행동 원인을 개인의 마음에서만
찾지 않는다. 예를 들어 회사의 직원이 '일을 할 의욕이 들지 않
는다', '능력이 부족하여 할 수 없다'라고 이야기한다면, '의욕이
없어도 할 수 있도록 시스템을 만들어야 한다'는 것이다. 의욕
은 수시로 변화하고, 개인차도 있다. 이것을 인정하면서 문화로
서의 규칙과 시스템으로 상황을 커버해야 한다.

그 성공 모델이 도요타 자동차의 '**카이젠**'이다. 카이젠 철학에서는 문제가 생겼을 때 '다섯 번 '왜'라고 물어보라'고 하는데, 이건 마치 격언처럼 인식되는 기업 문화가 됐다. 이런 문화는 다른 기업에서 쉽게 따라 하기 힘들다.

카이젠

'개선(改善)'의 일본식 발음인 '카이젠'은 이제 고유명사가 될 정도로 알려졌으며, 영어로도 KAIZEN이라 표기하고 있다. 도요타에서는 현장에서의 개선 업무를 최우선으로 하는데, 이것은 기능의 결함과 부품 부족 등 부분적 문제가 전체의 공정에 영향을 준다고 보는 '전체 시스템'에 대한 생각이 배경에 있다.

07

마음을 컨트롤하는 것은
두뇌만이 아니다

뇌의 국재설

심리학 포커스

비즈니스 관련 도서나 여러 매체에서 '뇌는 ○○하는 힘을 갖고 있다'는 표현을 자주 볼 수 있다. 이것은 뇌가 신체와 상관없이 단독으로 마음을 조절하고 있다는 오해를 가져올 수 있다. 신체는 단순히 뇌를 담는 그릇이 아니라, 뇌에 명령을 내리는 기능도 할 수 있다. 그렇기 때문에 '뇌 훈련'보다 오히려 '근력 운동'이나 '장 운동'이 심리 문제에 도움이 된다는 주장도 일리가 있다. 참고로 국재설(局在說)은 정신 작용이나 신경 기능이 각기 뇌의 특정한 중추와 관련되어 있다고 하는 학설을 말한다.

✚ 뇌의 작용은 마음의 원인인가, 결과인가?

뇌의 작용이 심리와 떼려야 뗄 수 없는 관계에 있음은 분명하다. 무언가를 생각할 때, 뇌가 활발하게 움직이고 있다고 느낄 수 있기 때문이다. 하지만 '감정적인 면이 많은 여성은 우뇌형이다' 같은 표현은 단면적인 편견에 빠져 있는 것이다.

특히 많이 오해하는 부분은 뇌 자체가 지능과 그 외의 능력을 높이는 데 중요한 역할을 한다고 보는 시각이다. 뇌의 움직임을 자기력이나 혈류량으로 측정하는 장치가 보급되면서, '뇌가 ○○하는 힘을 가지고 있으며, ○○를 할 수 있다'고 하는 연구가

80년대 이후에 유행했다.

그러나 예를 들어 '해마'라고 하는 뇌 부위는 기억을 담당하지만, 이 부분만을 활발하게 사용한다고 해도 기억력이 높아지는 것은 아니다. 다른 '대뇌피질' 등과 연계가 잘 되지 않으면 단기적인 기억에 머무르게 되기 때문이다.

게다가 이 피질은 감정에도 영향을 미친다. 이것은 뇌의 움직임을 부분의 영역만으로 보는 '뇌의 국재설'인데, 최근에는 인지과학자들이나 뇌과학자들도 이에 대해 비판하고 있다.

마치 우리가 라멘을 먹을 때, 간장의 양이나 후추, 돼지고기 기름과 같은 여러 식재료가 섞여서 '맛있다'고 느끼는 것과 마찬가지다. 즉, '맛있다'는 것은 전체의 균형이기 때문에 한 가지 재료만 늘린다고 맛있게 느낄 수 없다.

뇌의 움직임을 관찰하면, 그림 1-7처럼 '맛있다'고 하는 미각 자극은 혀에서 최초로 발생하게 된다. 그 신호가 뇌를 거친 시점에서 단기 기억인 '해마'로 가고, 여기에서 지금까지 먹었던 라멘에 관한 장기 기억의 영향을 받는다. 이 장기 기억은 뇌의

키워드 심리학 뇌의 국재설(局在說)

뇌의 각 부분에 따라 서로 다른 기능이 있다는 것을 '뇌의 기능 국재'라고 부른다. 예를 들어 '전두전야'는 창조적인 사고의 작용을 담당한다. 하지만 이런 해석으로는 뇌 부분의 작용밖에는 보고 있지 않은 것이며, 전체의 상호 관계와 종합된 움직임을 이해할 수 없다. 이러한 부분 환원주의에 빠지는 실수를 하지 않도록 주의해야 한다.

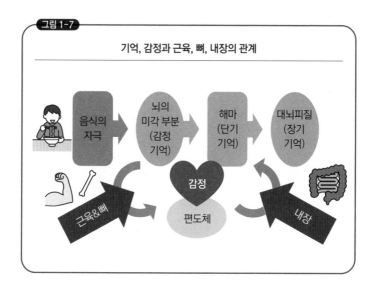

그림 1-7

기억, 감정과 근육, 뼈, 내장의 관계

음식의
자극

뇌의
미각 부분
(감정
기억)

해마
(단기
기억)

대뇌피질
(장기
기억)

근육&뼈

감정

편도체

내장

표면 측의 '대뇌피질'에 산재해 있다. 또, 뇌 내부의 깊숙한 곳에 있는 '편도체'는 감정의 작용과 연결되어 있는데, 이러한 기억에도 항상 영향을 미치고 있다.

✚ 뇌는 반대로 신체에 의해 제어된다?

이러한 기억은 그 시점의 신체 상태나 누구와 함께 있었는가와 같은 인간 관계에도 영향을 받기 쉽다.

예를 들어 당신이 친구의 소개로 처음 데이트 상대와 만나서 함께 카페에서 커피를 마신다고 해보자. 그때 자신이 가진 컵이 뜨거운지, 차가운지와 같은 **'온도 차'로 상대방에 대한 인상(따뜻할**

지, 차가울지)이 **좌우된다**는 것을 알게 된다면 아이스커피는 마시기 힘들 것이다.

이런 식으로 혀의 미각 자극과 기억, 신체의 상태와 주변의 환경 자극이 복합된 상태, 그리고 식사를 같이 하는 상대의 인상까지도 모두 포함되어 '맛있음'을 실감할 수 있다. 하지만 많은 책에서 '뇌가 당신의 ○○한 힘을 강하게 만든다'고 표현하는 등 마치 뇌가 단독적으로 그런 힘을 발휘하는 것처럼 설명하고 있다.

이러한 능력은 뇌의 일부 기능으로만 생각할 수 있는 것이 아니다. 특히 근육이나 뼈, 혹은 장 운동을 하는 내장도 신경 전달 물질에 영향을 준다는 것이 최근에 알려진 중요한 사실이다. 이 때문에 신체가 단순히 뇌를 담는 그릇이 아니라, 뇌의 움직임을 컨트롤하는 메시지를 보내는 **파트너 역할**을 한다는 개념으로 바

키워드 심리학

신체의 온도 자극이 상대방의 인상에 영향을 주는 이유

타인에 대한 인상이 내가 마시는 커피의 온도에 영향 받을까? 실험을 통해 신체적 따뜻함이라고 하는 물리적인 상태가 상대방을 판단하는 성격적 온도에 영향을 미친다는 것을 알 수 있었다. 이것은 신체의 변화와 마음의 변화의 연관성에 중요한 시사점이 있다는 이야기가 된다.

뇌를 컨트롤하는 신체의 활동

뇌는 신체를 컨트롤하는 중추라고 여겨진다. 하지만 반대로 몸의 근육이나 내장에서도 다양한 신경 전달 물질인 세로토닌이나 도파민 등이 분비되어 뇌에 영향을 준다는 것을 알 수 있다.

꾸고 있다.

이처럼 신체가 뇌에 지시를 보내는 역할을 하고, 사람의 성격과 감정에 크게 영향을 미치는 것을 보면, 뇌의 국재설은 뇌가 일방적으로 마음에 영향을 준다는 오해를 만든다는 설임을 알 수 있다. 그렇기 때문에 만약 뇌를 발달시키고 싶다면, 뇌 훈련보다는 신체를 강하게 만드는 근육 훈련이나 조깅이 도움이 될 것이다.

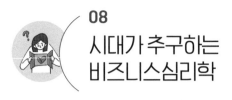

08
시대가 추구하는
비즈니스심리학

비즈니스심리학

심리학 포커스

프로이트나 융 등 병을 치료하는 임상계 심리학의 흐름과 별개로 2000년부터는 긍정심리학과 아들러 심리학처럼 자기계발과 비즈니스 실무에 도움이 되는 심리학이 주목받기 시작했다. 특히 '비즈니스심리학'은 카운슬링이 아니라 컨설턴트, 그리고 개인부터 조직을 개선할 수 있는 기존의 심리학의 성공을 종합한 이론이다.

✚ '비즈니스심리학'이 각광받는 이유

학문상에서 '비즈니스심리학'이라는 명칭이 사용된 것은 비교적 최근이다. 지금까지는 주로 '산업심리학'이나 '조직심리학'이라고 불려왔다. 심리학의 실무에 대한 응용은 이미 1920년대의 **호손 공장 실험**으로도 알려져 있다. 그런데도 '비즈니스심리학'이라고 불리지 않았던 이유는 제조업의 생산성

키워드 심리학 **호손 공장 실험(hawthorne experiments)**

E. 메이요에 의해 1924년부터 8년 동안 미국 시카고 교외에 있는 호손 공장에서 행해진 실험 조사. 처음에는 조명의 밝기가 작업 효율에 미치는 영향을 조사하는 것이 목적이었다. 하지만 그보다 사람은 주변으로부터 관찰되는 상황에서 인간 관계의 영향이 더 크다는 '관찰 효과'를 발견했다.

을 올리는 것이 주목적이었기 때문이다. 20년대부터 80년대까지는 비즈니스 업계를 제조업이 주도하고 있었다. 제조업의 총 매출액이 국내 총생산(GDP)의 70% 이상을 차지하고 있었다. 그러나 지금은 서비스, 정보 업계가 이를 추월했고, 제조업은 20% 정도로 낮아졌다.

이러한 비즈니스의 서비스·정보 산업화의 변화는 당연히 요구되는 능력의 변화도 가져왔다. 블루 워커의 생산 효율보다 화이트 컬러의 지적 리더십과 팀워크가 중요해졌다. 매니지먼트 학자인 P. 드러커가 '지식노동자(knowledge worker)'라고 불렀듯이 중요한 포인트는 물건이 아니라 정보와 서비스 정신으로 바뀌었다고도 할 수 있다.

✚ 비즈니스심리학의 원리와 방법

이러한 변화 속에서 비즈니스심리학회가 생기고 자격 검증도 행해졌다. 그 특징은 그림 1-8에 나타나듯이 카운셀링을 통한 치유보다 컨설턴트에 의한 혁신 능력 육성에 있다. 키워드로 말하자면 '즉흥'과 '협조'이며, 대화형 지식의 필요성이 높아졌기 때문이다.

예를 들어 개별 부하 직원과의 상담을 중심으로 한 1대1 미팅을 도입한 기업이 늘어나고 있다. 일주일에 한 번, 상사와의

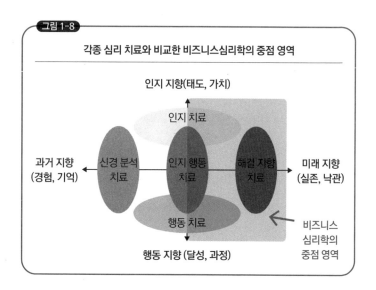

그림 1-8

각종 심리 치료와 비교한 비즈니스심리학의 중점 영역

인지 지향(태도, 가치)

인지 치료

신경 분석 치료　　인지 행동 치료　　해결 지향 치료

과거 지향
(경험, 기억)

미래 지향
(실존, 낙관)

행동 치료

비즈니스 심리학의 중점 영역

행동 지향 (달성, 과정)

대화를 통해 부하 직원이 자신의 삶의 목표나 가치관 등 평소에 말할 수 없었던 이야기들을 솔직하게 말할 수 있는 자리를 마련하는 것이다.

그리고 이 자리에서 상사는 부하 직원의 말에 귀를 기울이고, 대답에서도 질문을 넣는 '피드백'을 한다. 이런 반복이 유효한 이유는 말의 의미가 공유되어 새로운 의미를 만들어낼 수 있다는 점에 있다.

이런 점에서 비즈니스심리학에서는 Y. 엥게스트롬의 '액티비티 이론'과 내러티브심리학을 응용한 **'퍼포먼스심리학'**을 중시하고 있다.

분노의 감정을 컨트롤하는 방법으로는 화가 났을 때 의식적으로 그 감정에 이름을 붙여 명사화하는 방법이 있다. 예를 들어 조금 유머러스하게 '부글부글이' 같은 식으로 표현하는 것이다. 그렇게 하면 분노의 기분을 제3자적인 표현을 통해 객관적으로 받아들이게 되고, 그 결과로서 분노를 억제하고 안정을 찾을 수 있다. 이러한 **분노 매니지먼트**는 '비즈니스심리학'의 한 분야지만, 이것만으로는 개인의 감정 컨트롤 이상의 의미를 갖지 않는다.

개인으로부터 조직이라고 하는 단위에 초점을 맞추면, 그 분노가 단순히 상사에 대한 불만이 아니라 현재의 조직 시스템과 목표 사이의 모순에 있는 경우가 있다. 이처럼 비즈니스심리학은 분노의 개인 감정을 타인과 조직의 변화에 대한 동기로 바꿀 수 있는 종합적인 실천 이론이라고 할 수 있을 것이다.

퍼포먼스심리학(performance psychology)

콜롬비아 대학의 발달심리학자인 R. 홀츠먼은 연기적인 장면과 '근접 발달 영역'에 초점을 맞춘 '퍼포먼스심리학'을 만들었다. 이것은 놀이와 문화의 상호 발달이라고 하는 시점에서도 새로운 심리학의 영역으로 주목되고 있다.

분노 매니지먼트(anger management)

분노의 감정이나 여기에 따라오는 인지 문제를 스스로 컨트롤하는 것으로 미국에서 크게 유행했다. 기본이 되는 것은 인지행동치료의 관점이며, 최근에는 마인드풀니스 등도 함께 사용한다.

본문을 통해 자신의 의미 부여와 평가가 얼마나 중요한지 알 수 있었다. 여기서 자기 평가가 낮은 것을 2가지 이상 적고, 이것을 높게 평가해야 하는 이유를 생각해보도록 하자.

자기 평가가
낮은 것은 무엇인가?

높게 평가해야 하는
이유는 무엇인가?

- _____ ➡ · _____

- _____ ➡ · _____

??? 해답 예시

이 문제가 의외로 어려워서 바로 답할 수 없는 사람이 많다. 하지만 이것을 매일 반복하다 보면 자신의 장점을 재발견할 수 있다. 일본의 예를 들자면, 일본에서는 '도시인들은 냉정하다'라는 이야기를 많이 한다. 하지만 도시 사람들도 누군가가 길을 물어보면 정중하게 가르쳐주는 것이 당연하다고 생각한다. 이런 친절은 다른 나라에 가보기 전에는 깨닫지 못한다. 다른 사람을 도와주는 '향사회성(165페이지 참조)'이 높다는 것은 상대방의 기분에 잘 이입할 수 있다는 장점이기도 하다. 또, 일본인은 '소심한 성격 때문에 청결한 사람이 많다'고 한다. 하지만 쓰레기를 잘 치우는 것은 단순히 깨끗함을 좋아하는 것 이상으로 타인에 대한 배려라고 하는 점에서 장점이 된다.

CHAPTER 2

행동과 습관을
과학으로 접근하는
'행동심리학'

01
자신이 선택했다고 생각한 것이
사실은 그렇지 않을 수도 있다

현수교 효과

심리학 포커스

중요한 선택은 스스로 잘 생각해서 정해야 한다. 이러한 선택에 대해서 증명한 것이 캐나다의 사회심리학자인 D. 더튼과 A. 알론의 '현수교 효과' 실험이다. 이것은 본인이 이성적으로 생각하여 결정했다고 생각한 것이 사실은 생리적인 상태에 좌우됨을 실증한 사례이다. 그렇기 때문에 큰 결정을 해야 할 때는 생리적인 흥분을 일단 가라앉힌 다음에 하는 여유가 중요하다.

➕ 생리적인 흥분 상태가 되면, 그 이유를 착각하여 호감을 갖게 된다

더튼과 알론은 다른 사람에게 호감을 느끼게 하는 생리적인 요인을 조사하기 위해 '현수교 효과' 실험을 했다.

이 실험에서는 그림 2-1처럼 2개의 그룹으로 나누어, 현수교를 건너는 그룹과 일반적인 다리를 건너는 그룹의 남녀 호감도를 비교했다. 다리 한가운데에서 남녀가 만나도록 설정하고, 여기서 여성이 남성에게 간단한 질문을 한다. 그리고 질문이 끝나면 여성이 남성에게 데이트를 신청한다. 그 결과, 데이트를 받아들인 남성은 현수교 쪽이 50%였고, 일반 다리는 13%였다. 현수교 쪽에서 성공률이 4배나 높았던 것은 발판이 불안정한

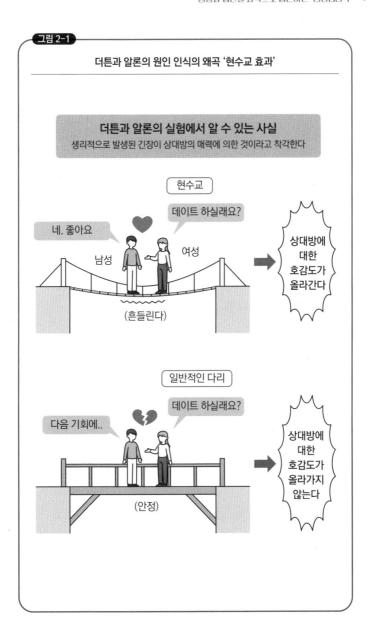

현수교를 건너면서 생긴 두근거림을 눈 앞의 여성을 좋아해서
생긴 것으로 착각하기 때문이다. 즉, 생리적인 긴장감으로 느끼
던 감정을 '좋아한다'는 감정으로 연결시키는 것이 원인이다.

이 실험은 '감정이 먼저인가, 의지가 먼저인가'에 대한 주제로
많은 관심을 모았다. 처음에는 무섭다는 생리적인 의식도 하지
못하지만, 이어서 다음과 같이 의식적으로 감정을 인지하는 단
계가 나타난다.

현수교에서 느끼는 생리적인 흥분 ⇒ 좋아한다는 감각으로 오해
⇒ 상대방을 좋아한다고 믿음

그리고 '좋아한다'는 감정을 검증한 또 다른 실험이 있다. 아
드레날린을 주사하여 흥분 상태가 된 남성을 2개의 그룹으로
나누고, 한쪽 그룹에는 아드레날린이 아니라 흥분 작용이 없는
비타민을 주사했다고 거짓말을 했다. 이 결과도 거짓말을 들은
그룹은 아드레날린에 의한 흥분을 여성에 대한 호감이라고 착
각했다. 이러한 현상을 '**감정의 이중 요소 이론**'이라고 한다. 즉, 처

키워드 심리학 **감정의 이중 요소 이론(two-factor theory of emotion)**
S. 샥터(Schachter)의 주장으로, 호감과 같은 감정은 '생리적인 환기와 그 해석
의 상호 작용에 의해 결정된다'는 이론이다. 다만, 이것은 자각할 수 없기 때문에 당사자는
자신이 의식적으로 결정했다고 믿게 된다는 특징이 있다.

음에 신체적인 생리 흥분이 발생하고, 그 다음에 호감의 '인식'
이 일어나는 2가지 요인이 겹친 결과가 좋아하는 감정이 된다
는 것이다. 어쩌면 귀신의 집이 연인들에게 인기가 있다는 사실
은 이와 같은 이유 때문일지도 모른다.

하지만 감정의 토대가 생리적인 흥분에 있다고 한다면, 토대
가 빈약해지면 감정도 약해진다고 생각할 수 있다. 또 우리는
자신의 흥분에 합당한 이유를 붙인다는 사실도 자각할 필요가
있다.

예를 들어 이런 심리학의 원리를 비즈니스에 응용하면 크리
스마스 시즌에 특정 회사 장난감을 사주는 것이 중요하다는 점
도 알 수 있다. 크리스마스 선물 교환과 같은 가슴 설레는 상황
은 선물을 받는 상대방에게 상품 자체를 특별하고 좋은 것으로
느끼게 해주기 때문이다. 또 그런 일시적인 장면에서 끝날 뿐
아니라, 두근거림을 느끼게 해준 장난감으로의 기억이 남아서,
성인이 되어서도 자신의 아이에게도 같은 장난감을 사주는 동
기가 되기도 한다.

이처럼 혹시 상대방에게 호감을 느끼게 하고 싶다면 특별
한 날, 긴장감이 있는 만남의 장소를 찾아보는 방법도 좋을 것
이다.

02
장난을 멈추게 할 때는 혼내는 것이 좋을까, 칭찬하는 것이 좋을까?

행동분석학 | ABC 원리

심리학 포커스

아이가 장난을 쳤을 때, 부모가 여러 번 혼내도 조금만 지나면 금방 다시 장난을 치는 경우가 있다. 이러한 악순환이 반복되면 혼내는 일의 어려움을 느끼게 된다. 그렇게 되면 혼내기를 망설이거나 주저하게 된다. 이번에는 행동심리학의 시점에서 아이의 장난을 멈추는 방법을 생각해보도록 하자.

✚ '혼내는 것'과 '칭찬하는 것'의 위험성과 효과 바로 알기

아이의 장난처럼 일상의 습관적인 행동 개선에는 행동심리학을 응용한 '행동분석학(behavior analysis)'의 방법이 유효하다.

이 행동분석학에서는 행동 자극에 플러스 요인이 되는 것을 '강화 인자', 그리고 마이너스 요인이 되는 것을 '약화 인자'라고 정의한다. 조금 시점을 바꾸어서 이야기하면, 늘리고 싶은 행동 지표에 영향을 미치는 것을 '강화 인자', 줄이고 싶은 부정적인 행동은 '약화 인자'로 구별한다.

아이의 장난 같은 케이스에 비추어보면, 혼내는 행동은 '약화

인자'에 해당하고, 반대로 칭찬하는 행동은 '강화 인자'가 된다
고 분류할 수 있다. 이 경우 행동을 바꾼다는 것은 바람직하지
않은 행동인 장난을 '줄이는 것'(행동의 약화)이다. 그렇게 되면
다음과 같은 식이 성립된다.

혼을 내는 '약화 인자'를 강화한다 ⇒ 장난을 줄인다 ⇒ 행동의 약화

언뜻 보면 이 식은 합리적으로 보이지만, 아이의 측면에서 보
면 반감, 분노 등의 부정적 감정을 동반하게 되는 부작용이 있
다. 그뿐만 아니라, 행동의 약화에는 바람직한 행동을 늘리는
효과는 없다.

이번에는 반대로 칭찬하는 행동의 강화를 생각해보자.

**칭찬을 하는 '강화 인자'를 강화한다 ⇒ ○○을 늘린다 ⇒
행동의 강화**

여기서 문제는 칭찬하는 대상의 ○○을 무엇으로 설정하는가
에 있다. 먼저 장난을 하고 있지 않은 예외적인 상황에 맞는 장
면을 떠올려보자.

예를 들어 도서관에 온 아이가 심심해서 장난하기 시작하는

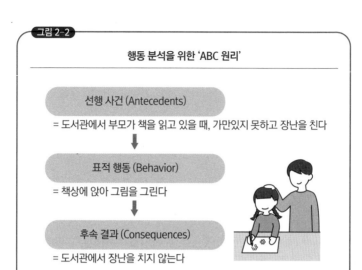

그림 2-2

행동 분석을 위한 'ABC 원리'

선행 사건 (Antecedents)

= 도서관에서 부모가 책을 읽고 있을 때, 가만있지 못하고 장난을 친다

표적 행동 (Behavior)

= 책상에 앉아 그림을 그린다

후속 결과 (Consequences)

= 도서관에서 장난을 치지 않는다

모습은 자주 볼 수 있다. 만약 장난을 치지 않고 노트에 그림을 그리며 앉아 있을 때가 있다면 그 타이밍에 칭찬해야 한다. 좋아하는 그림을 그리고 있을 때 칭찬을 받으면 아이는 더욱 열심히 그림을 그리려고 할 것이다. 이러한 것이 바람직한 행동의 강화라고 할 수 있는데, 이렇게 되면 아이는 더 이상 도서관에서 장난을 치며 부모의 관심을 끌 필요가 없어진다.

여기서 정리를 위해, 행동분석학의 'ABC 원리'라고 하는 방식을 적용하여 '장난을 줄이는 데'까지의 단계를 식으로 나타내 보면, 그림 2-2처럼 나타나게 된다. 즉, 여기서 칭찬의 대상은 '그림 그리기'이고, 이것을 강화하면 장난을 하지 않게 된다는 것이다.

ABC 원리에서는 B의 '표적 행동'을 할 때를 찾는 것이 중요하다. 즉, 좋은 상황 혹은 예외적인 상황을 잘 포착해야 한다. 또, 당사자가 자신의 장점이라고 느끼며 집중할 수 있는 행동이라면 더욱 좋다.

이러한 행동은 당사자는 자각하지 못할 정도로 자연적으로 형성되기 때문에 부담감이 없으면서도 스스로 자신감을 갖게 된다.

아이의 장난을 멈추는 방법을 예로 설명했지만, ABC 원리는 상사가 부하 직원의 실수를 줄일 때처럼 여러 가지 일상적인 문제에서도 응용할 수 있다.

키워드 심리학

ABC 원리(ABC theory)

ABC 원리는 A. 엘리스가 주장한 것이지만, 여기서 더욱 발전된 형태로서 'ABCDE 원리'가 있다. 이 추가된 DE는 'Dispute(반론)'와 'Effective New Belief(효과적인 새 신념)'이다.

03

버릇이나 무의식적인 행동은
어떤 심리를 나타낼까?

비언어 커뮤니케이션

✚ 당신은 다른 사람이 하는 말보다 몸짓을 믿는가?

사람의 태도와 심리를 파악하려고 할 때, 자기계발서 등에서 자주 사용되는 것이 '메라비언의 법칙(mehrabian's rule)'이다(그림 2-3 참조). 이 법칙은 상대방에 대한 인상이나 호감을 결정하는 데 있어서 말의 내용보다 몸짓과 표정으로 판단하게 된다는 이론이지만, 사실 캘리포니아 대학의 A. 메라비언은 자신의 연구가 말하고자 했던 것은 그것이 아니라고 했다. 그는 실험에서 무뚝뚝하게 대하면서 상대방을 칭찬하는 등 말과 행동이 일치되지 않는 상황을 설정하고, 사람이 무엇을 우선하여 상대의 감정과 태도를 판단하는지를 조사했다. 이것을 오해하

그림 2-3

'메라비언의 법칙'에 의한 행동과 언어의 실험

정보의 종류	개요	영향 (%)
시각적 ☞	표정, 움직임, 몸짓, 시선	55%
청각적 👂	말하는 속도, 성량, 말투	38%
언어적 💬	말의 의미, 대화의 내용	7%

여 '사람은 겉으로 보이는 게 중요하다'고 하는 보편적인 법칙처럼 일면적인 해석을 해버린 것이다.

시선(바라보는 시간/동공의 크기)에 대해서는 여성이 남성보다 오래 바라보며, 좋아하고 싫어하는 감정에 따라 동공의 크기 변화가 더 크다고 알려져 있다.

이런 시선의 영향은 화면상으로 온라인 회의를 할 때도 자주 문제가 된다. 상대방을 바라보는 쪽이 호감을 갖고 있다고 이해하고 있기 때문이다. 즉, 이러한 시선과 행동 레벨의 행위는 본인도 의식하고 있지 않기 때문에 조절하지 못한다. 그 때문에 말로 전하는 내용보다 진심을 말하는 경우도 많다고 할 수 있다.

몸짓의 분석에서는 매스컴 등에서 '사람의 마음을 꿰뚫어 본다'고 하는 표현이 자주 나온다. 이것은 매스컴의 문제이기도 하지만, 행동과 심리의 인과 관계를 잘못 이해하고 있는 시청자의 문제이기도 하다. 예를 들어 '팔짱을 낀다'고 하는 행동 한 가지를 봐도 이것이 일을 할 때인지, 회의 중인지, 휴식 중인지에 따라 그 행동의 의미는 바뀐다. 즉, **몸짓은 상황과 일체가 되어 특정된 의미와 심리를 표현하는 것이다.** 이것을 단지 행동만으로 구분 짓는 듯한 해석은 커다란 오해를 만들 수 있다.

✚ 상대방의 표정에서 그 감정을 알아낼 수 있을까?

표정 분석의 심리학자인 P. 에크만은 사람에게 기본적인 6가지 기본 감정(분노, 혐오, 공포, 기쁨, 슬픔, 놀람)이 있다고 보고, 어떠한 사람이든 공통된 표정 근육의 움직임과 패턴이 있다고 주장했다. 분명 에크만의 기본 감정과의 연관성은 다른 연구에서도 알려져 있듯이 옳다고 볼 수 있다. 하지만 그 표정 분석의 노하우를 실제 적용하게 되면 오해가 생길 수 있다. 이유

키워드 심리학

몸짓

몸짓은 다리를 떨거나, 웃을 때 손으로 입을 가리는 등 신체적인 움직임과 행동을 의미한다. 당사자는 의식하지 못하지만, 여기서 성격적인 특징이나 태도 등이 나타나는 면이 있다.

는 감정과 신체 동작의 연계와 패턴은 '문화' 속에서 형성됐기 때문이다.

미국과 다른 나라 문화의 다른 점을 고려하지 않고 표정의 형태를 분석하는 것은 의미가 없다. 만약 에크만이 다른 나라에서 표정 분석을 한다면, 미국에서와 같은 정확한 분석은 불가능할 것이다. 예를 들어 외국인이 많은 영화관에서 영화를 본다고 한다면, 웃는 타이밍이나 웃는 내용에서 우리와 차이가 있음을 알게 된다. 각 나라의 문화와 습관이 표정의 움직임과 몸짓이 되어 나타나고 있기 때문이다.

에크만의 실험은 사진으로 웃는 얼굴과 화난 얼굴을 보여주는 형태로 피험자에게 상대방의 감정을 예측하게 하는 것이었다. 그런데 도쿄 대학의 사토 와타루의 비교 실험에 따르면, 사진은 과장된 표정으로 촬영되기 때문에 실제 생활에서의 표정과 다르다는 사실을 알았다. 그리고 실제에 가까운 표정은 그보다 애매한 경우가 많다는 점에서 비교 검증을 했다. 특히 동양인의 경우는 그런 경향이 더욱 높았고, 표정이 명료한 서양인의 표정 분석은 유효하지 않음을 알게 됐다.

그렇다고 해도 몸짓이나 행동에는 우리의 본심이 쉽게 나타나기 때문에 평상시에 더욱 의식하여 자신의 '거울'로 이용하는 것이 중요하다.

04
휴식 시간이 생산성을 결정한다

심리학 포커스
기업에서는 낮은 1인당 생산성이 문제가 되고 있다. 그러던 중 주목받은 곳이 AI를 이용한 심리학적인 해결책을 모색하고 있는 회사이다. 생산성을 올리는 힌트가 휴식 시간을 어떻게 보내는지에 달려있다는 연구결과는 우리의 일하는 방식을 되돌아보는 발상의 전환이 될 것이다.

✚ 신체를 활발하게 움직이는 것으로 행복감을 높일 수 있을까?

조직의 개혁을 진행하는 경우, 그 조직의 멤버의 태도가 어떻게 바뀌어야 하는지를 객관적으로 알기가 어렵다. 여기서 히타치 그룹의 **야노 카즈오**(히타치 제작소)는 사내 각 개인의 행위(일어서기/앉기/이동하기/숙이기 등)를 데이터화해서 무엇이 조직에 변화를 주는 요인인지를 검증했다. 웨어러블 센서(IC

야노 카즈오의 행동 분석에 의한 연구 성과
히타치 제작소의 연구원인 야노 카즈오 팀은 일상에서의 행동을 시간적 변화에 따라 수집하여 행동 분석법을 개발했다. 그 분석법의 특징은 IC카드를 목에 걸고 신체 동작을 기록하여 AI로 분석하는 것이다. 그 결과 행복 감정이 일의 효율성에 미치는 공헌도 등이 검증됐다.

> **그림 2-4-①**
>
> ### 히타치 그룹이 조사한 각 개인이 조직의 변화에 미치는 요인 검증 결과
>
> 중요한 것은 '대화 중의 활발도'라고 하는 것이 주관적인 시각이 아니라 센서에 의해 측정된 양으로 정확하게 산출해서 정의한, 객관적인 지표라는 점이다. 앞에서도 설명했듯이 활발도는 신체 운동의 움직임 정도가 기준치를 넘어선 시간의 비율을 말한다. 대화 중에 활발도가 높은 것이 '적극적인 문제 해결과 창의적 고민'과 관련 있는가란 질문에 대한 해답이라고 할 수 있다.
>
> 활발도 높음    활발도 낮음

카드를 몸에 거는 형태)를 이용하여 현장에서 사람의 행동을 정량적으로 진단한 것이다.

개인의 행동 변화를 몇 분 단위로 조사하여 알아낸 것은 '행동의 활발도'가 기업의 성과에 큰 영향을 미친다는 것이다. 이에 대해 야노 카즈오는 그림 2-4-①과 같이 지적하고 있다.

행동에 영향을 주는 '업무 종류의 차이'나 '성격' 등 다른 중요한 요인도 있지만, 활발도가 이러한 차이를 넘어서 기업 성과의 향상과 비례 관계에 있다는 것은 주목할만한 점이다. 그리고 이 활발도는 주변 사람들에게도 '전염'된다. 분명 대화를 나눌 때도 상대방의 반응이 활발하면 말하는 사람도 움직임이 활발해

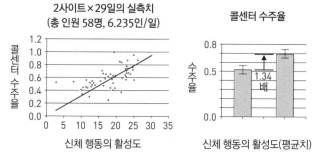

그림 2-4-②

신체 행동의 활성도가 생산성을 올리는 사례 (야노 카즈오의 연구)

2사이트×29일의 실측치
(총 인원 58명, 6.235인/일)

콜센터 수주율

콜센터 수주율

신체 행동의 활성도

수주율

1.34
배

신체 행동의 활성도(평균치)

※ 다만 이 그림은 알기 쉽도록 실제의 움직임을 '행동의 활성도'라고 단순하게 표시한 것이기 때문에 주의가 필요하다.

진다. 유럽인은 제스처가 동양인에 비하면 큰 편인데, 그 동양인도 외국에서 대화하는 상황이 되면 큰 몸짓으로 대화하게 되는 경우가 있다. 이것은 커뮤니케이션에 있어서 상호 간의 행동을 무의식적으로 따라한다는 '미러링 효과'이자 '전염'을 나타내는 것이다.

즉, 어떠한 업무상의 상황이든 대화와 협력 행위의 과정에서는 상대방의 움직임에 동조하면서 행동한다. 이런 행동의 활성도를 알게 되면, 생산성이 높은 조직은 어떤지도 알 수 있다. 이것을 나타낸 야노 카즈오의 실험연구 결과가 2-4-②에 있다.

이 연구에서는 콜센터에서 일하는 사람들의 신체 행동을 조사했다. 움직임이 활발한 쪽이 성과가 높다는 결과가 오른쪽 그림인데, 콜센터의 수주율(생산성 지표)이 약 1.3배나 차이가 난다. 왼쪽 그림처럼 수주율과 신체 행동의 활성도는 분명하게 비례한다.

➕ 초점을 명확하게 하는 '스팟 행동'이 행동 분석의 열쇠가 된다.

앞서 보여준 그림처럼 생산성의 향상을 검증한 행동 분석을 통해 신체 행동을 단순하게 수치화한 결과로 휴식 시간을 보내는 방법이 중요하다는 것을 알 수 있다. 이처럼 행동 분석에서는 초점을 집중한 '스팟 행동'을 양적인 면에서 관찰하는 것이 중요하다.

예를 들어 남녀 커플이 손을 잡고 걸을 때, 여성이 남성의 왼쪽 위치에 올 확률은 80%를 넘는다(개인 조사). 이 이유를 카운슬러에게 물어보니, 남성은 여성을 지키려고 하는 의식이 작용하여 중요한 장기인 심장이 있는 왼쪽에 여성이 위치하도록 한다는 것이다.

하지만 실제의 조사에서 알 수 있었던 것은 여성이 왼쪽에 오

손을 잡고 걷는 커플들의 특징
행동 관찰에 의한 분석의 경우, 해당 행동이 나타나는 장면을 동영상 등으로 기록하는 경우가 많다. 내가 시행한 조사는 교차로에서 길을 건너는 커플을 대상으로 했으며, 1시간 연속 촬영하여 얻은 300쌍 이상의 커플을 예로서 검증했다.

기에 앞서서 둘이 손을 잡는 행동이 먼저 있었다는 것이다. 일반적으로 사람은 오른손잡이가 많기 때문에 가방을 왼손에 들게 된다. 결과적으로 여성이 가방을 들고 있다면 남성의 왼쪽편에 서는 것이 편하다는 것을 알 수 있다. 즉, 여성이 왼쪽에 오게 되는 원인은 먼저 손을 잡는 동작이 만들고 있다는 것이 포인트라고 할 수 있다.

이처럼 양적인 변화를 관찰하는 것에는 장점이 있지만, 이것을 실제적으로 적용하려고 할 때에는 정확한 관찰 습관이 중요하다.

앞서 보았던 것처럼 아이의 예의 범절 교육을 할 때 '혼낼 것인가', '칭찬할 것인가'에 대한 선택을 어렵게 느끼는 부모가 많은 것 같다. 만약 당신이 카운슬러라고 가정하고, 다음과 같은 부모의 상담을 받았을 때 어떠한 조언을 할 수 있을지 생각해보자.

[사례] 아이가 아침에 매일 늦게 일어난다. '빨리 일어나'라고 혼내고 있지만 통하지 않는다. 일어나면 간식을 두 배로 주겠다고 했지만 이것도 실패했다. 말을 잘 듣게 만드는 방법은 없을까?

??? 해답 예시

이것은 아이의 예외적인 면을 찾고, 잘 일어날 때의 조건을 관찰하도록 부모에게 조언한다. 그 조건이 잠에 드는 시간이라고 한다면, 빨리 잘 수 있도록 고민해야 한다. '강화인자'인 칭찬 행위도 빨리 잠자리에 들었을 때 해야 한다. 즉, 아침에 일어나기보다 밤에 잠자리에 드는 행동과 습관을 바꿀 수 있도록 하는 것이 포인트다.

CHAPTER **3**

기억, 사고, 감정을
과학으로 접근하는
'인지심리학'

01
새로움에 눈뜨는 감각을
만들어내는 것은 무엇일까?

스키마 메타포

심리학 포커스

새로운 깨달음을 얻었을 때 '눈이 뜨이는 것 같다'라고 자주 말하는데, 이것은 심리학에서는 아주 중요한 의미를 갖는다. 여기에는 단지 알게 되는 것만이 아니라, 이해를 넘어서 납득을 하는 것처럼 깊이가 있다. 그 인식을 지지하는 토대가 '스키마'와 '메타포'이다. 이것을 응용하면 납득의 기본을 알게 되어 사람을 설득하거나 상황을 이해하는데 도움이 된다.

✚ **속담이나 예시에는 어떤 설득력이 있을까?**

'개천에서 용 난다'와 같이 속담이나 우화에는 비유적인 표현인 '메타포(metaphor)'와 예시가 사용되고 있다. 이러한 표현을 사용하면 설득력이 생기는 이유는 무엇일까? 다음과 같이 '행복'을 테마로 한 예로 생각해보자.

'만약 불행의 암운이 자신을 뒤덮는다면, 지금의 일을 해낼수 없다는 생각에 빠져버리게 된다. 이 생각을 극복한다면 불행도 사라질 것이다. 행복은 나타났다 금방 사라진다. - 마치돌아가며 빛을 비추는 등대와 같다. 한 순간 밝게 빛나는가

싶다가도 금방 흔적도 없이 멀리 사라진다. 하지만 만약 그 빛이 끊임없이 우리를 비추고 있다면 우리의 눈에 보이지 않을 것이다.'

– 데일 카네기, 『길은 열린다』 중에서

이것은 명언의 예인데, 행복이란 무엇인가에 관해 설득적으로 표현하고 있다. 특히 2가지 개념의 대립된 관계가 있으며, '불행=암운', '행복=등대의 불빛'이라고 하는 비유적인 표현 '메타포'가 대비적으로 사용되고 있다. 그리고 그 뒤의 문장에서 '한 순간 밝게~보이지 않을 것이다'까지는 이미지를 떠올리기 쉬운 내용으로 되어 있다. 이렇게 대립하는 2가지 메타포를 통해 행복과 같은 추상적인 내용을 설득력 있게 설명했다.

✚ 인식의 납득과 어긋남을 만들어내는 '스키마'

　　　　앞서 나온 문장에서처럼 메타포는 서로 다른 것을 대비시키는 형태의 언어 표현인데, 이것이 어떻게 이해를 깊게 만들어줄까? 그 원리를 알기 위해 필요한 것은 인식의 틀이라고도 할 수 있는 '스키마(schema)'이다.

심리학에는 함수를 사용하여 복수의 원인을 설명하는 이론이 많다. 예를 들어 지각을 한 A씨의 경우, 언뜻 보면 A씨의 성격이 지각의 원인인 것처럼 생각된다.

(지각 행동) = F (느긋한 성격)

이것을 일반화하면 ⇒ (결과) = F (원인)

이 경우 함수 $Y=F(x)$가 기본 모델이 되며, 느긋한 성격이 원인이 되어 지각한 것이라는 결과를 설명하고 있다. 하지만 함수로 나타낼 수 있는 것은 전후의 상황과 시간의 변화를 무시한 정상 상태만을 조건으로 설명하고 있다. 그 이유는 현실에서 꼼꼼한 성격인 사람도 특별한 이유로 아슬아슬하게 지각하는 경우가 있기 때문이다. 느긋한 성격이 지각의 이유라고 한다면, 이것은 단지 이유로 붙이기 쉽기 때문이라고 설명할 수 있다.

함수를 사용하여 설명하는 인식 모델은 언뜻 보면 합리적이다. 하지만 현실의 상황은 무시하고 있기 때문에, 변화가 어떻게 생겨나는지에 대한 상황의 영향이 보이지 않는다. 여기서 잘못된 인식의 어긋남이 발생할 여지가 있다.

그 원인 관계의 인지 바이어스(편견)는 '인과 스키마'라고 불린

키워드 심리학 인과 스키마(causal schema)

상황의 원인과 결과의 관계를 추론할 때에 작용하는 인지의 조직적인 작용을 말한다. 스키마는 고정적인 이미지와 전형적인 사고 등을 만드는 토대가 되며, 이것은 신체 경험과 깊게 연관되어 있다.

다. 이것은 경험한 기억에 의존하는 상태를 말하는데, '사물은 위에서 아래로 떨어진다'와 같은 물리적이며 신체적인 경험을 통해 얻은 지식이 전형적인 사례라고 할 수 있다.

인과 스키마는 상황과의 관계를 즉시 이해할 수 있는 장점이 있는 반면, 본인이 의식할 수 없을 만큼 상식이라고 생각하여 편견과 실수를 범하게 되는 경우가 생긴다.

✚ 언어의 의미와 납득을 불러일으키는 '메타포'

인과 스키마에는 다양한 형식이 있다. 인지언어학의 창시자인 J. 레이코프는 인과 스키마를 A=B인 서로 다른 것을 표현하는 '메타포 구조'로 밝혔다. 예를 들어 비유(은유)적으로 '인생은 게임이다'라고 하는 경우, 메타포는 〈인생=게임〉과 같은 표현을 말하는데, 레이코프는 언어의 의미와 문법에 이르기까지 이 메타포의 작용이 있다는 것을 증명했다. 그것은 언어의 의미에 구조를 부여하는 방법으로, 다음과 같은 예로 살펴보자.

기본 메타포 ⇒ 〈많다 = 높다〉, 〈적다 = 낮다〉
'과거의 보너스가 올랐다', '올해의 수입은 떨어졌다'
기본 메타포 ⇒ 〈기쁘다 = 높다〉, 〈슬프다 = 낮다〉
'기분이 업됐다', '날아갈 것 같은 기분이다', '기분이 다운됐

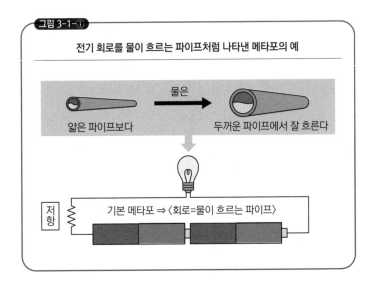

그림 3-1-①

전기 회로를 물이 흐르는 파이프처럼 나타낸 메타포의 예

물은

얇은 파이프보다   두꺼운 파이프에서 잘 흐른다

저항

기본 메타포 ⇒ 〈회로=물이 흐르는 파이프〉

다', '기분이 가라앉았다'

이처럼 여러 가지 문장과 표현에서 기본 메타포를 상하의 구조로 읽을 수 있다. 상하 구조에는 사람의 경험을 기반으로 한 '체화된 지식(embodied knowledge)'이 있어서 이것이 '납득'의 감각을 만드는 원인이 된다는 것을 밝혀냈다.

✦ 메타포를 응용한 과학적 개념의 '납득감'

메타포가 가진 효과는 언어의 영역만이 아니다. 학교에서 전기 회로를 배울 때, 회로를 물이 흐르는 파이프 등으로

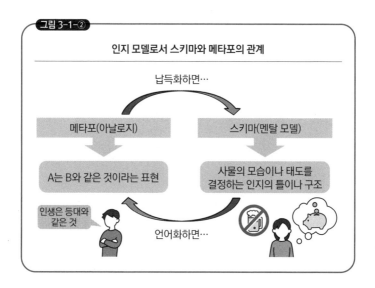

비유하여 생각하는 경우가 많다. 그림 3-1-①과 같이 〈물이 흐르는 파이프〉를 기본 메타포로 한다면, 저항과 전압이라고 하는 추상적인 원리를 쉽게 상상할 수 있다. 공식을 적용하는 것만으로는 정답은 맞출 수 있지만, 의미를 이해할 수 없어 납득이 되지 않는 경우가 많을 것이다. **공식과 매뉴얼에 대입한 지식은 '절차적 지식'이라고 부르는데, 이것으로는 무언가를 깨닫게 되는 납득감을 얻을 수 없다.**

절차적 지식

'절차적 지식'(조작적 지식)이란 자전거에 타는 것처럼 조작적인 신체 행동에 따르는 듯한 지식을 말한다. 한편, 암기하여 기억한 단어의 지식은 의식적인 것으로서 '선언적 지식'(의미적 지식)이라고 한다.

이런 사례를 보면 〈회로=물이 흐르는 파이프〉와 같이 메타포의 도식에 따라 납득을 얻을 수 있다. 이것을 바꿔 말하면, 이미지를 그리기 편한 인과 스키마를 만들 수 있다는 것이다.

그렇다면 이러한 메타포와 스키마의 관계는 어떻게 이해하면 될까? 그림 3-1-②처럼 지식과 기억의 인식의 틀에 있는 스키마는 메타포로 표현된 무언가를 추론(아날로지)하는 것으로 이해할 수 있다. 이 모든 것이 인지 모델의 구조를 표현하고 있다.

이처럼 메타포와 스키마는 '납득'을 위한 강력한 수단이다. 어려운 과학과 인생의 의미를 깊게 이해하고 싶을 때 그림이나 속담을 사용하듯이 이것을 의식적으로 일상의 문제 해결에 사용해보아도 가치가 있을 것이다.

02
삶에 도움이 되는 것은
오직 학력뿐일까?

비인지 능력

심리학 포커스

핀란드는 세계에서 국민의 행복도와 학력이 가장 높은 나라라고 알려져 있다. 특히 대화를 하는 능력이나 자기 인식에 대한 능력이 높고, 일인당 생산성도 높은 편이라고 한다. 그 요인으로 주목되는 것이 '비인지 능력'이다. 이 비인지 능력을 잘 이해한다면 쉽게 자신의 행복을 찾을 수 있으며 여러 곤란한 상황을 극복하는 힘도 기를 수 있다.

✚ '비인지 능력'이 필요한 다중 지능 이론

2000년 이후부터는 일상의 지속적인 행복감을 중시한 '낙관성'에 초점을 맞춘 연구가 큰 트렌드가 되어왔다. 이것은 다양한 학문 계통의 '합류점'으로서 필연적으로 등장한 흐름이라고 할 수 있다. 이러한 상황에서 학력과 같은 지적 능력과는 별개인 '비인지 능력'도 주목받게 됐다. 비인지는 IQ와 같은 지적 능력의 육성을 중시해온 공교육의 한계에 의문을 제기하

키워드
심리학

비인지 능력(non-cognitive abilities)

　일반적인 지능 이외의 감정적인 지능(EQ)과 신체, 예술적인 힘 등을 의미한다. 이것이 주목되는 이유는 IQ적인 지능의 한계가 분명하게 나타남에 따라 GRIT(지속하는 힘)나 자기 조정력과 같은 능력이 중요시됐기 때문이다.

며 시작됐다. 특히 자신의 충동을 억제하는 '자제심'과 곤란을 극복하는 'GRIT'와 같은 것들이 주목을 받고 있다.

예를 들어 욕구를 참는 자제심의 경우, **마시멜로 실험**의 결과로 알려지게 됐다. 이 실험은 유아가 눈 앞에 있는 마시멜로를 바로 먹지 않도록 자제하게 만드는 실험으로, 이후의 추적 조사 결과, 이때의 능력이 성인이 됐을 때의 자제심과도 연관이 있음을 발견했다. 또, 곤란을 극복하는 능력으로 알려진 'GRIT'는 '근성'에 가까운 의미이다. 수만 명의 실험 조사 결과를 토대로 트레이닝 프로그램이 개발되어, 트라우마를 극복하는 힘으로서 세계 각국의 학교, 기업과 군대 등에서 도입하게 되었다.

이러한 비인지 능력은 어떻게 이해하면 좋을까? 개별적으로 알 필요도 있지만, 전체로서는 어떤 기능인지, 뇌와 신체의 기능이 이와 관련이 있는지를 아는 것이 특히 중요하다. 이 전체상을 알아야만 일상에서 일어나는 고민도 부분적인 해결이 아닌, 근본적인 해결로 전환할 수 있다.

키워드 심리학 마시멜로 실험 (the marshmallow test)
스탠포드 대학의 W. 미쉘은 4세 유아에게 마시멜로를 주고 자기 통제력을 조사했다. 그 몇 년 뒤의 추적 조사에서 자제심이 높았던 아이는 학업과 성과가 높다는 사실을 알게 됐다. 이 실험은 유아 교육뿐 아니라 기업의 능력 개발에도 크게 영향을 미쳤다.

✤ '다중 지능 이론'이 말하는 '머리가 좋은 사람'이란?

비인지 능력은 학력과 같은 '지적인 인지 능력'과 별도로 존재하는 것이 아니며, 지능과 어우러지며 '수치화'할 수 없는 것이다. 비인지 능력에 있어서는 하버드 대학에서 '다중 지능 이론'을 주장한 인지과학자 H. 가드너가 유명하다.

가드너는 그림 3-2처럼 인간 관계 레벨/사고 레벨/행동 레벨/감정 레벨로 의식 활동 레벨을 분류했는데, 이는 심리 치료나 코칭에서도 자주 이용된다. 일본 비즈니스심리학회의 분류에서는 여기에 목적 레벨을 추가하여 '5Q'로 지칭하고 있다. 그림 3-2에서는 지능을 9가지로 나누고 있는데, 이는 이과로 진학할지, 문과로 진학할지를 고민할 때 도움이 된다. 일반적으로 이과는 수리와 논리적 지능이 있으면 좋다고 생각하지만, 사실 수학자나 물리학자 중에서는 음악을 취미로 하는 사람이 많다.

즉, 능력은 일률적으로 고정된 것이 아니라, 9가지의 지능을 조합한 개성으로 생각해야 하는데 우리는 자신의 지능을 좁게 생각하기 쉽다. 이과, 문과 같은 식의 고정 관념은 버리고, 타인과 다른 지능의 힘을 찾아 강하게 단련시켜야 한다.

5Q 이론

'5Q 이론'은 일본 비즈니스심리학회가 능력의 기초 요인에 대해 만든 이론이다. IQ나 EQ 외에도 사회 관계와 관련된 SQ, 행동력과 관련된 AQ, 또 목적 지향을 능력 요인으로 하는 OQ가 있다. 이 OQ가 5Q 이론의 강조점이며 이념 경영 등에 응용된다.

그림 3-2

H. 가드너의 다중 지능 이론 모델 그림 (주 : 지능을 모드로 표현)

● 지능은 하나의 말로 표현할 수 없는 층으로 되어 있다

나는 문과니까 언어나 대인 관계적인 지능이 있다면 좋을 것 같아

그건 지능에 대해 너무 좁게 생각하는 거야. 나는 이과 전공이지만 음악이 취미야. 그러니까 수리적인 능력만 가지고 있지는 않다는 거야.

● 9가지 '다중 지능 이론'의 특징

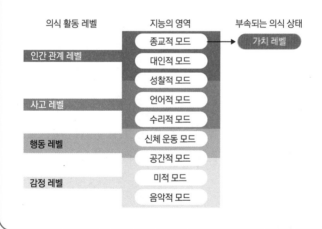

의식 활동 레벨	지능의 영역	부속되는 의식 상태
	종교적 모드	가치 레벨
인간 관계 레벨	대인적 모드	
	성찰적 모드	
사고 레벨	언어적 모드	
	수리적 모드	
행동 레벨	신체 운동 모드	
	공간적 모드	
감정 레벨	미적 모드	
	음악적 모드	

03
건망증은 어떻게 막을 수 있을까?

메타인지 전망 기억

심리학 포커스
'깜박 잊고 지하철에 우산을 놓고 내렸다!' 이런 경험은 누구라도 종종 있을 것이다.
또, 회사 회의 시간에 '실패를 반성하자'거나 '왜 그 상황에서 ○○ 해버렸는가'에 대
한 사안들을 의논한 경우도 있을 것이다. 이처럼 반성을 무의미하게 만들지 않기 위
한 실패의 인식 방법을 생각해보자.

✚ '사고를 사고한다'고 하는 '메타인지'의 작용

사람은 자신의 마음 상태를 잘 알고 있다고 생각하지
만, 어떤 경우에는 그것에 모순되게 행동하고 있는 자신을 깨닫
게 되는 일이 있다. 예를 들어 대기업에서 퇴사하여 직함이 없
어지면, 지금까지 자신이 존경받았다고 착각하고 있었다는 사
실을 알게 된다. 한 사람의 인간으로서의 자신이 아니라, 직함
이 존경받았다는 현실을 깨닫게 되는 것이다. 조직심리학자인
D. 숀은 대기업 관리자들을 조사하여 이런 결과를 얻어내고, 이
와 같은 자각 상태를 '성찰 사고(reflective thinking)'라고 불렀
다. 이 성찰 사고는 '**메타인지**'를 실천하는 상황에서 중요하다.

메타인지 능력을 높이는 방법은 두 가지가 있다. 첫 번째는 자신이 사고하고 있는 상태를 모니터하는 것으로, '사고를 사고한다'고 하는 조감적인 시점에서 깨닫는 것이다. 예를 들어 시험을 볼 때, 시험지의 문제를 전체적으로 훑어보고 자기가 어느 정도 시간을 들여야 하고, 어떤 문제를 나중에 풀어야 할지를 예측하는 것과 비슷하다. 처음 시점에서 시험지를 '훑어보는 것'의 중요성을 깨닫는 것이 성적을 좌우하기 때문이다.

그리고 두 번째는 메타인지적인 지식과 스킬을 생각하는 것이다. 다시 시험을 예로 말하자면, 문제의 지문을 단서로 해서 풀 수 있는지, 없는지를 예측하는 자기 나름의 '방법'을 찾는다. 이것은 '만약 ○○인 경우는 △△한다'고 하는 추상적인 자기만의 방식이라고 할 수 있다. 이러한 경험을 쌓으면 응용할 수 있는 지식이 되며, 더 적절하게 이용할 수 있게 된다.

또, 시험 공부를 할 때 참고서나 지침서를 읽으며 공부하는 것도 메타인지 능력을 높이는 일이 된다.

키워드 심리학

메타인지(meta-cognition)

생각하고 있는 자신의 상태를 한발 떨어져서 객관적으로 바라보고, 생각하는 인식을 말한다. 'meta'는 '상위'를 의미하기 때문에, 더 높은 곳에 위치하여 생각한다는 것을 의미한다.

✤ 앞선 상황을 잊어버리지 않기 위한 기억인 '전망 기억'의 작용

즉, 건망증을 막기 위해서는 메타인지의 힘이 필요하다고 할 수 있다. 이것을 습득하기가 어려운 두 가지 이유는 필요한 상황에서 깨닫지 못한다는 것, 깨닫더라도 적절한 인식의 지식이 없으면 효과적인 노하우로 반영하기 힘들다는 것이다.

지하철 안에서 우산을 잃어 버리는 문제는 지하철을 나오는 순간 우산을 떠올리지 못했다는 기억의 문제다. 여기서 지하철에 탄 이후, 잃어버리지 않도록 도중에 반복해서 상기하거나 처음부터 우산을 손에 들고 있다면, 이것은 거슬러 올라가는 기억이 된다. 즉, '잊어버리지 않도록 한다'고 하는 것은 메타인지의 작용이라고 할 수 있다.

이처럼 메타인지가 중요하다는 것은 알고 있지만, 뇌 트레이닝 전용 프로그램으로 단련시키는 것은 안타깝게도 불가능하다. 건망증을 막기 위해서는 우리의 기억 중에서도 장기 기억의 일종인 '전망 기억'을 이해해야 한다.

요약하면 그림 3-3에 나와 있듯이, 단기 기억인 **워킹 메모리가 중요하다.** 〈워킹 메모리 ⇔ 전망 기억 ⇔ 스키마(장기 기억)〉와

워킹 메모리(working memory)
정보를 일시적으로 유지하는 기억의 작용을 하는 곳. 기억을 상기해도 사용할 수 있는 내용에 한계가 있다는 점에서 '작업 기억'이라고 불린다.

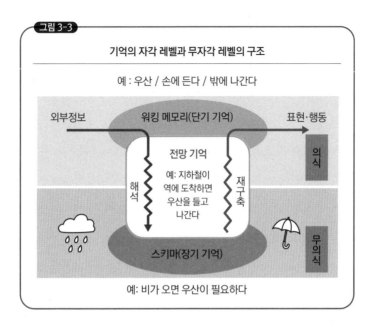

그림 3-3

기억의 자각 레벨과 무자각 레벨의 구조

예 : 우산 / 손에 든다 / 밖에 나간다

외부정보 → 워킹 메모리(단기 기억) → 표현·행동 → 의식

전망 기억

예: 지하철이 역에 도착하면 우산을 들고 나간다

해석

재구축

스키마(장기 기억)

무의식

예: 비가 오면 우산이 필요하다

같은 움직임으로 상호 작용하여 자각하게 되기 때문이다. 즉, 우산을 잃어버리지 않기 위해서는 전망 기억을 조정하는 워킹 메모리가 핵심이다. 물론 이것도 단순하게 반복 연습을 한다고 강화되는 것은 아니다. 이것은 '작업 기억'이라고도 불리는데, 다룰 수 있는 내용에는 상당히 한계가 있다. 예를 들어 10개 정도 되는 전화번호 숫자는 몇 초 만에 외울 수 있을 정도의 수준이다. 하지만 그 용량이 적은 워킹 메모리도 '마인드풀니스'라고 하는 호흡법과 명상에 의해 활성도가 늘어난다는 **연구**도 나와 있다.

그런 의미에서 건망증을 없애는 방법으로는 마인드풀니스가 의외로 효과적일지 모른다. 이런 점에서 보면 두뇌 트레이닝만이 아니라 심신을 단련하는 요가나 스트레칭도 건망증에 효과가 있다고 할 수 있을 것이다.

워킹 메모리를 강화하는 마인드풀니스 효과

뉴욕 대학의 연구 그룹은 2019년에 마인드풀니스를 8주간 하는 것으로 워킹 메모리의 능력이 향상했음을 증명했다. 그뿐만 아니라, 집중력과 창조성 등 여러 가지 효과가 있었으며 부분적이 아닌 뇌 기능의 전체적인 활성도가 상승했다고도 생각할 수 있다.

04
프레젠테이션의
성공률을 높이는 방법

슬리퍼 효과

심리학 포커스

자신이 열심히 생각한 기획이 회의에서 채택됐는데, 사장의 반대 한 마디에 취소됐다. 이런 경우 사장을 설득하려면 어떻게 해야 할까? TED로 프레젠테이션 방법을 배워야 하나? 이처럼 자기 의견을 제시하기가 힘든 사람들에게 슬리퍼 효과를 사용하는 것을 추천한다.

✚ 처음에 무시 당하던 제안이라도 여러 번 반복해서 이야기하면

효과가 있을까?

평소에 다른 사람이 계속 옆에 붙어서 이야기를 하게 되면, 그 내용을 자신의 생각이었다고 믿게 되는 경우가 있다. 이는 기억의 '슬리퍼 효과(sleeper effect)'라고 불리는 것으로, 시간이 지남에 따라 '누가 말했는지'와 '이야기의 내용'이 연결되지 않게 되는 현상이다.

이런 슬리퍼 효과를 의견 제안에서 사용하면 상사는 어느 샌가 부하 직원의 제안을 수락하게 된다. 처음에는 신뢰하지 못했던 부하 직원의 경우도 마찬가지다.

IT기업의 신규 사업 담당자였던 내 사례를 들어 설명하겠다. 90년대 후반 당시 'CRM(고객 관계 관리)'이라고 하는 용어가 IT 업계에서도 막 화제가 되던 시기였다.

아직 신입이던 나는 회의에서 정식으로 의견을 제안할 수 없었다. 그러던 중 사장과 한 달에 몇 차례 있는 뒤풀이 장소에서 'CRM이 있으면 영업도 편해집니다. ○○회사가 이것으로 이익을 2배 이상 올렸다고 합니다.'라고 1분 정도로 짧게 사장에게 말했다. 그 당시에 사장은 대수롭지 않은 반응이었다. 나는 눈치 채지 못하도록 다시 몇 주가 지난 후에 '고객과의 관계를 더욱 효율적으로 만들 수 있는 시스템이 있습니다. CRM은…'이라고 신문 기사 등을 소개하면서 이야기를 했다.

그 정도였지만, 반년 정도 지난 후 어느 날 사장실에 불려가서 새로운 CRM 정보를 정리해서 내라는 지시를 받고, 그 후 3개월이 지났을 때는 CRM 업계에서 관련 단체를 만드는 기획까지 진행하게 됐다. 여기서 중요한 점은 사장을 설득하는 것이 아니라, 사장이 스스로 생각한 아이디어인 것처럼 '만든 것'이다. 실제로 사장에게 한 이야기는 CRM을 어떻게 비즈니스에

CRM(customer relationship management)
'고객 관계 관리'의 약칭이며, 고객 중심의 매니지먼트를 말하는 경우도 많다. IT 업계에서는 주로 고객 관리 시스템의 총칭으로서 사용됐지만, 고객 만족도를 중시하는 경영 스타일을 말하는 것처럼 바뀌었다.

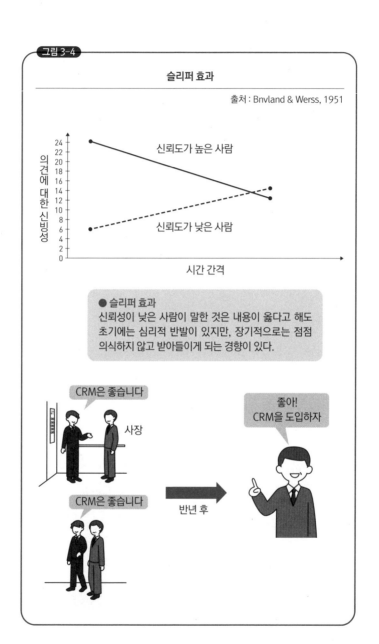

グ림 3-4

슬리퍼 효과

출처 : Bnvland & Werss, 1951

의견에 대한 신빙성

24
22
20
18
16
14
12
10
8
6
4
2
0

신뢰도가 높은 사람

신뢰도가 낮은 사람

시간 간격

● 슬리퍼 효과
신뢰성이 낮은 사람이 말한 것은 내용이 옳다고 해도 초기에는 심리적 반발이 있지만, 장기적으로는 점점 의식하지 않고 받아들이게 되는 경향이 있다.

CRM은 좋습니다

사장

CRM은 좋습니다

반년 후

좋아!
CRM을 도입하자

적용할 수 있는지에 대한 짧은 이야기였지만, 내가 제안한 의도
는 성공했다고 할 수 있다.

✚ '슬리퍼 효과' 응용법

　　　　　다음은 '슬리퍼 효과'를 응용하는 포인트에 대한 내
용이다.

① 인상 깊은 키워드를 넣을 것

② 같은 내용을 표현하는 방법을 바꾸어서 이야기할 것

먼저, 이야기에 너무 많은 정보를 담아서는 안 된다. 처음에는
키워드만 이야기하는 정도로 충분하다. 듣는 상대방이 기억을
떠올릴 단서적인 키워드가 없다면 어떤 내용이었는지 기억하지
못하기 때문이다. 앞선 예시에서는 CRM이라고 하는 세 문자가
키워드가 됐다.

또, 내용은 같아도 표현은 매번 바꿔서 이야기하는 것이 더욱
효과적이다. 너무 같은 이야기만을 반복하면 상대방은 같은 소
리를 반복한다고 느껴서 부정적인 인상을 갖게 될 수 있다. 말
하는 입장에서는 그 당시에 인정을 받지 못해도 괜찮다. 그림
3-4에서 보듯이 듣는 사람의 기억에서 말한 사람에 대한 기억
정보는 점점 옅어지기 때문에 상대방에게 전하려는 정보의 내
용이 긍정적인 인상으로 남는 것이 중요하다.

05

뇌가 쉬고 있는 상태가
인간의 능력을 향상시킨다

심리학 포커스

아무것도 생각하지 않고 뇌를 쉬게 하는 것이 '뇌의 휴식'이라고 생각할 것이다. 하지만 이때도 뇌의 특정 부위는 활성화되어 있다. 뇌의 뉴런(뇌신경세포)이 서로에게 영향을 주고 받는 관계에 대해서 깨닫게 된다면 그 해답을 알 수 있다. 그리고 능력과 개성을 향상하는 방법도 알게 된다.

✚ 뇌 전체가 쉬고 있을 때도 활발하게 움직이는

'디폴트 모드 네트워크'

심리와 뇌의 활동 관계를 조사하는 방법으로 가장 많이 사용되는 것이 fMRI(functional Magnetic Resonance Imaging: 기능적 자기 공명 기록법)이다. 이것은 뇌의 혈류량을 조사하여 그 활성도로 뇌의 움직임을 알아내는 방식이다.

지금까지 뇌의 움직임은 무언가를 공부를 하거나, 이야기를 하는 것과 같은 의식적 활동을 하고 있을 때만 활성화된다고 생각했다. 뇌가 아무것도 의식하고 있지 않은 상태일수록 혈류량이 감소한다고 생각했기 때문이다. 하지만 이것은 완전히 틀린 생각이었고, 실제로는 증가하는 부분이 있음을 알아냈다. 특히 대상회 뒤쪽과 전두엽 안쪽의 영역이 활발해진다는 사실을 발견했는데, 워싱턴 대학의 의학자 M. 라이클은 이것을 '디폴트 모드 네트워크(default mode network)라고 부르며 뇌의 새로운 가능성을 밝혀냈다.

일반적으로 성인이 하루에 사용하는 에너지 양은 2,000kcal 정도 되는데, 그중에 뇌는 350kcal를 소비한다고 알려져 있다. 그리고 의식적인 활동을 하고 있지 않을 때의 뇌는 75%에 해당하는 250kcal를 사용한다고 한다.

자동차에 비유하면 알기 쉬운데, 신호를 기다리며 파란 불에서 움직일 수 있도록 엔진을 켜놓은 상태이다. 움직이기 시작하고 가속하여 일정 속도에 도달하면, 그때부터는 아주 많은 연료를 사용하지 않지만, 멈춘 상태에서 공회전하고 있는 상태는 반대로 더 많은 연료가 필요하다. 그것과 마찬가지로 이 디폴트 모드 네트워크는 사고의 휴식 상태이면서 동시에 뇌에서 활발하게 움직이는 부분이 생긴다. 그리고 명상을 하는 등의 '**마인드풀니스**'가 뇌의 네트워크를 더 유효하게 사용할 수 있도록 만드

키워드 심리학

디폴트 모드 네트워크의 활성화를 촉진하는 마인드풀니스 효과

'디폴트'의 의미는 '아무것도 하지 않는 보통 상태'를 말한다. 이 뇌의 네트워크는 '전두전야'와 '해마' 등, 복수의 뇌 부위가 상호 연계되어 움직인다. 이것을 '디폴트 모드 네트워크'라고 부르며, 마인드풀니스를 하게 되면 더욱 효과적이다.

는 효과가 있다는 것도 알게 됐다.

그림 3-5을 보면 전두연합야 부분이 워킹 메모리의 역할을 하는 부분이다. 그리고 대상회 뒤쪽과 연결된 대상회의 부분이 있다. 그 상호 작용으로 나타나는 현상이 디폴트 모드 상태라고 할 수 있다.

어떤 경우에는 목욕을 하다가 갑자기 번뜩 기발한 생각이 나는 경험이 있다. 이것은 창조성의 심리로서 '아하 효과'라고 불리는 것인데, 이는 바로 디폴트 모드 상태이다. 사람이 가진 고도의 창조 사고는 전두연합야의 활성도와 관련이 있는 부분이다. 그 활성도가 디폴트 모드 상태에서 촉진된다고 할 수 있다.

나는 매일 숲이나 강가를 산책하는데, 이런 산책으로 일상 중에서 디폴트 모드를 만드는 것도 추천한다. '지속할 수 있는 것이 힘이다'라는 말이 있듯이, 이러한 활동을 지속할 수 있다면 자기도 모르는 사이에 일의 생산성도 오를 것이다.

그림 3-5

'디폴트 모드 네트워크'의 구조도

디폴트 모드 네트워크의 특징

아무것도 생각하지 않는 상태의 평안한 뇌지만, 아래쪽에 있는 타원형의 붉은 고리인 '대상회'의 뒷부분과 전두연합야의 안쪽 부분이 활성화된다.

대뇌변연계의 중요한 구조

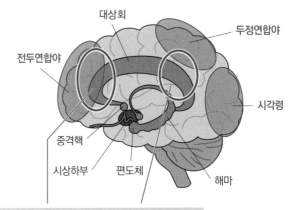

대상회

두정연합야

전두연합야

시각령

중격핵

시상하부

편도체

해마

디폴트 모드 네트워크일 때 활성 부분

06

뇌를 풀가동하면
머리가 좋아질까?

> **심리학 포커스**
>
> 뇌는 일상 생활에서 전체의 5% 정도밖에 사용하지 않는다고 한다. 그렇기 때문에 남은 부분을 최대한 사용하면 마치 뭐든지 할 수 있을 것 같다. 하지만 이것은 뇌의 일부가 일을 하고, 다른 부분은 쉬고 있다는 잘못된 생각 때문이다. 이것을 알게 되면 자신의 능력을 더욱 발휘할 방법을 알 수 있다.

✚ 사람은 정말 뇌의 5%밖에 사용하고 있지 않을까?

　　뇌는 사람 체중의 20분의 1 정도 무게지만, 에너지 소비량은 20%나 된다. 그만큼 뇌는 효율적으로 움직이고 있다고 할 수 있다. 뇌는 신경 네트워크의 집합체이자 신경 전달 물질이 서로 상호 작용하여 최적의 움직임을 보인다. 뇌를 자동차에 비유해보면, 차는 엑셀레이터를 밟는 동시에 브레이크도 같이 밟으면 움직이지 않는다. 이것과 마찬가지로 뇌의 각 기능도 엑셀레이터의 역할과 브레이크의 역할이 나뉘어져 있다고 할 수 있다. 또, 뇌는 단 하나의 개체로 일하는 것이 아니라 무엇을 의도하는지에 따라 뇌의 각 부분의 역할이 바뀌기도 한다. 마치 크리스마스 트리의 전구가 번갈아 가면서 켜지는 듯한 이미지다.

집중해서 공부하고 있을 때는 전두엽 부위가 강하게 활성화되지만, 다른 사람의 고민을 듣고 있을 때는 뇌의 좌측이 활성화되는데, 이처럼 뇌는 '집단'으로 서로 상호 작용한다.

이와 같은 뇌의 이론 모델은 인공지능의 선구자인 M. 민스키가 '병렬 분산 처리 이론'으로 주장한 내용이다. 그 원리를 간단하게 요약하면, 그림 3-6에서처럼 여러 뉴런의 집단이 사고, 감정, 행동의 영역을 나타내고, 이 뉴런 집단은 작은 '소인'들이 서로 연결되어 있는 듯한 모습이다. 이 '소인'은 병렬로 연결되어 있고, 각각의 능력은 미약하다.

이 단순하고 작은 능력밖에 없는 '소인'이 다수 결합되어 상호 작용을 한다. 그리고 이런 병렬적인 작용이 커다란 능력을 발휘하게 된다.

이처럼 민스키의 이론은 AI 분야가 처음 등장했을 때, 뇌의 작용을 범용 컴퓨터처럼 생각하고 있던 시기에 발상의 전환을 가

키워드 심리학

병렬 분산 처리(PDP: parallel distributed processing)

커넥셔니즘(connectionism)이라고도 불리는 뇌의 움직임을 나타낸 모델이다. 각 뉴런은 작은 용량과 능력 밖에 없지만, 인터넷과 같이 분산되어 있고 병렬적으로 연계하여 큰 능력을 발휘한다. 부분이 파괴되어도 전체로서의 기능은 문제가 없으며, 유연하게 대처할 수 있다는 점에서 이러한 이론 모델의 장점이 있다.

지고 왔다. 만약에 어느 한 부분이 고장 나더라도 인터넷과 마찬가지로 전체로서는 충분히 기능할 수 있는 것이다. 이런 뇌의 탄탄한 구조가 병렬 분산 처리 모델의 장점이라고 할 수 있다.

이와 같은 뇌의 병렬적인 기능을 알게 되면, 우리의 능력도 단일한 것이 아니라 여러 소인의 집합이 함께 동시에 작용하고 있음을 알 수 있다. 뇌는 아주 유연한 기능을 가지고 있으며, 이런 병렬 분석적인 이미지를 가지게 되면서, 마음의 복잡한 변화와 학습 등의 고차원적인 사고도 다면적으로 이해할 수 있다.

예를 들어 머리를 좋게 만들고 싶다면, 어떤 '소인'의 집단이 활발해지면 되는지 상상해보자. 그림 3-6과 같이 3가지 사고, 감정, 행동의 집단이 서로 상호 작용하고 있다고 생각하면 된다. 그러면 감정보다 사고 쪽이 활발한 사람은 연구직에 어울린다는 '능력의 개성'도 이해하기 쉽다. 즉, 능력 등을 다면적인 뇌 집단의 '조합'이라고 이해하는 것이 가능하다면, 단면적인 능력관이 아니라, 유연하게 자신의 진로 등을 선택할 수 있게 된다.

그림 3-6

뇌의 병렬 분산 처리 모델의 구조

뉴런 네트워크를 소인의 집단으로서 표현한 인지 모델의 예

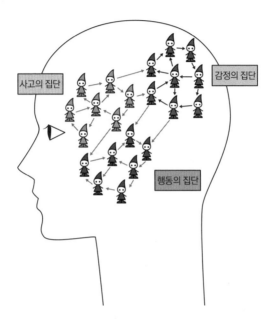

사고의 집단

감정의 집단

행동의 집단

뇌의 '병렬 분산 처리'(PDP)의 특징

- 병렬 분산 처리(PDP) 이론에서는 뉴런을 '소인'에 비유할 수 있다.
- '소인'은 집단을 만들며, 이 집단은 서로 상호 작용하면서 목적에 맞는 능력을 발휘한다.
- '소인'이 일부 망가져도 전체의 기능은 멈추지 않고 유효하게 움직인다.

앞서 본문에서 스키마와 메타포의 기능을 설명한 바 있다. 여기서는 발상의 전환을 만들어내는 시점이 어떻게 나타나는지를 생각해보자. 다음과 같은 그림에서 점 9개를 4개의 직선만 사용해서 연결해보자. 3분 이내에 답을 찾을 수 있다면 창조 사고가 상당히 높은 것일지도 모른다.

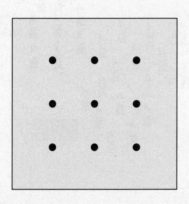

??? 해답 예시

이 문제에서 생기는 애로사항은 선을 그리는 출발점이 사각형 틀 안에 있는 것이다. 대부분은 사각형 그림의 '바깥 부분'에서 시작해야 한다는 것을 쉽게 떠올리지 못한다. 이것을 깨닫지 못하면 해답을 찾을 수 없다. 원인은 '안'과 '밖'이라고 하는 인지 스키마가 벽이 되기 때문이다. 문자 그대로 '기존의 틀'을 벗어나야 한다.

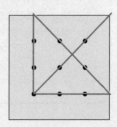

CHAPTER **4**

배움과 발달을
과학으로 접근하는
'발달심리학'

01

발달의 단계를 알면 육아 고민이 반으로 준다

발생적 인지론　발달 단계

심리학 포커스

어린 시절 '**학과 거북이 산수 문제**'를 풀지 못해서 수학을 싫어하게 된 사람이 많은 것 같다. 어째서 방정식으로 푸는 방법을 먼저 가르쳐 주지 않았는지 성인이 되어서 의문을 갖게 되는 경우가 있다. 그 이유는 '발달 단계'가 있기 때문이다. 각 단계에 적합한 방법을 알게 되면 아이를 무리하지 않고 양육할 수 있다.

✚ **사람의 성장에는 생물학적인 순서에 기반한 '발달 단계'가 있다?**

　　사람의 발달은 무엇인지를 생리학적 관점에서 연구한 학자는 스위스의 발달심리학자 J. 피아제이다. 그의 '발생적 인식론'은 교육학, 철학, 생물학의 분야에도 영향을 주었다. 이 이론이 이렇게나 많은 분야에 영향을 준 이유는 유아의 사고와 감정의 발달을 '동화(同化)'와 '조절'의 '종합'으로 봤기 때문

키워드 심리학　**학과 거북이 산수 문제**

　　학과 거북이의 마리 수의 합과 다리의 합이 주어지고, 이를 통해 학과 거북이가 각각 몇 마리인지를 맞추는 문제이다. 예를 들어 합계 10마리, 다리 합이 28개로 주어진다면, (2×6+4×4)로 답은 학 6마리, 거북이 4마리가 된다. 중학교 과정 이후부터는 연립 방정식을 이용해서 풀 수 있다.

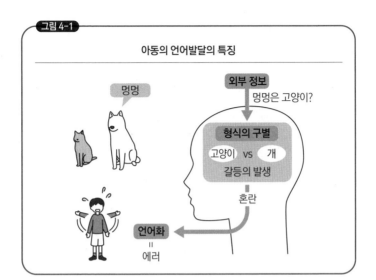

그림 4-1

아동의 언어발달의 특징

멍멍

외부 정보
멍멍은 고양이?

형식의 구별
고양이 vs 개
갈등의 발생

혼란

언어화
=
에러

이다.

예를 들어 부모가 만 2세 아동에게 '고양이'가 무엇인지 알려줄 때, 고양이를 보고 '저게 고양이야'라고 가리키면 아이는 '고양이'라고 따라 부른다(동화). 그런데 다음날, 개를 보게 됐을 때 아이는 '저기에 고양이가 있어요'라고 이야기한다. 이것은 아이가 자신의 인식의 틀 안에서 유추해낸 것이지만, 잘못된 내용이기 때문에 부모는 '저건 고양이가 아니라 개야'라고 수정한다. 이렇게 되면 아이는 고양이라는 인식의 틀을 수정(조절)하여 '개'라고 하는 새로운 동물의 이해가 가능하게 된다.

이러한 언어의 발달 과정에서 아이는 고양이와 개의 비슷한 부분을 유추하여 고양이를 이해하고 있다. 이 유추의 과정도 중요하지만, 그 다음에 개를 봤을 때 부모의 정보 정정을 통해 새롭게 배우게 된다. 그리고 그때 아이가 지닌 인식의 틀은 고양이 모양과 개의 모양으로 나뉘게 된다(그림 4-1참조). 부모와 함께 있는 관계 안에서 유추와 수정을 하는 것이 새로운 인식의 틀을 만든다고 볼 수 있다.

피아제는 사물 인식의 틀이 되는 '셰마'의 작용에 주목했다. 인지심리학에서는 일반적으로 '스키마'라는 용어로 부르고 있지만, 셰마는 '동화'와 '조절'의 반복 속에서 수정되고, 이것이 '학습'이자 '발달'이라고 했다.

✚ '하지 못하는 아이'에 대한 생각을 바꾸는 '발달 단계 이론'이 의미하는 것

피아제는 발생적 인식론에서 아이의 발달을 다음과 같은 4가지 단계로 분류했다.

감각 운동기 (0~2세) = 오감의 자극을 추구하여 셰마의 동화,

키워드 심리학

셰마(schema)

발달 심리학인 J. 피아제가 주장한 인지 구조를 의미한다. 이것은 일반적인 '스키마'의 개념에 해당하지만, '동화'와 '조절' 등을 특징으로 하는 '인식의 틀'이라고 하는 의미에서 사용하고 있다.

조절을 반복한다.

전 조작기 (2~7세) = 이미지와 흉내 내기를 통해

자기 중심적인 사고, 행동이 증가한다

구체적 조작기(7~11세) = 다소 논리적 사고가 가능하며

타인의 기분을 생각하게 된다

형식적 조작기(11세~) = 이론적이며 추상적인 사고가 가능하며

가설도 세울 수 있다.

이 분류에 대해서 교육 분야에서 자주 문제가 되는 점은 '구체적 조작기'와 '형식적 조작기'의 경계에 대한 것이다. 산수 문제 등 논리적 사고가 필요한 상황에서, 아직 구체적 조작기 단계인 아이에게는 'A=B, B=C, 그러므로 A=C'라고 하는 논리 사고가 잘 되지 않는다. 이것은 형식적 조작의 단계에서 가능하다. 예를 들어 '학과 거북이 산수 문제'를 패턴으로 암기할 수 있더라도, 이것이 무엇을 의미하는지 모른다. 그 때문에 실패감을 느껴 공부를 싫어하게 될 확률이 높아진다.

피아제의 발달론 시점에서 보면, 억지로 '학과 거북이 산수 문제'를 이해하도록 만들 필요가 없다. 아직 형식적 조작기에 이르지 못했기 때문이다. 그렇게 생각하면, 발달 단계 이론은 아이들의 능력을 유연하게 보는 근거가 된다고 할 수 있다.

다만, 발달 단계는 성인이 됐다고 해서 끝나는 것이 아니다. 예를 들어 비즈니스 분야에서 주목받는 것이 조직심리학자인 R. 키건의 5단계 성인 발달 이론이다. 이 이론의 특징은 4번째 단계인 자기 나름의 가치관을 갖는 '자기 주도 단계'와 마지막 단계인 '자기 변용, 상호 발달 단계'로, 이것은 타인과의 관계성에 관련된 것이다. 반드시 거쳐야 하는 도달점으로 기억해두면, 자신의 인생 설계와 성장의 단계를 이해하는 데 도움이 될 것이다.

02
'의지력'은 키울 수 있을까?

의지력 GRIT

심리학 포커스

다이어트나 금연에 몇 번이나 도전하지만, 도중에 실패하는 경우가 많다. 이러한 습관을 바꾸기 위해서는 의지력이 필요한데, 이런 의지력은 훈련을 통해 단련할 수 있다. 또, 한 가지를 단련하면 다른 능력에도 영향을 주기 때문에, 의지력이 약해서 공부를 하기 힘들었다면, 운동으로 의지력을 기르고, 그 힘을 공부를 해나가는 의지력으로 전환할 수 있다.

✚ 의지력에는 두 가지 타입이 있다

베스트셀러인 『Will Power(의지력의 재발견)』의 저자로 알려져 있는 R. 바우마이스터는 '의지력'이란 두 가지 특징을 지니고 있다고 말했다. 첫 번째는 '힘' 그 자체로서, 순간적인 힘이 필요한 단거리 달리기 같은 의지의 힘이다. 이것은 근육 트레이닝처럼 몇 분간 고통을 견뎌내야 하는 상황을 떠올리면 이해할 수 있다.

두 번째는 스태미나이다. 의지력에 따라 습관을 바꾸는 데는 지속적인 스태미나가 필요하다. 바우마이스터는 간단한 실험으로 이것의 특성을 증명했다.

예를 들어 2주간 학생들에게 바른 자세를 유지하여 생활하도록 한 결과, 악력기를 오래 잡고 유지하는 체력 측정에서 고득점을 얻을 수 있었다. 의지는 근육과 같이 단련할 수 있다고 본 것이다. 그 결과가 흥미로운 것은 어느 특정 의지력이 강해지면 다른 분야에서의 의지력으로도 사용할 수 있다는 점이다. 이것은 심리학에서 일반적으로 '**학습의 전이**'라고 부르는데, 사람의 발달에 대한 가능성과 다양성을 가리킨다고 말할 수 있다.

➕ 끈기 있게 버틸 수 있는 능력 'GRIT'를 구성하는 5가지

현재 '의지력'의 테마는 'GRIT'라고 하는 '극복하는 힘'으로서 주목받고 있다. 이것은 펜실베이니아 대학의 A. 더크워스가 주장한 내용이다. 이때까지 심리학에서는 GRIT와 비슷한 개념으로 위기에서의 회복력을 의미하는 '레질리언스'라는 표현이 있었다. 이 둘의 차이점이 무엇인지 살펴보면, 'GRIT'에는 노력 자체를 고통이 아닌 쾌적한 경험으로서 견딜 수 있다는 점에 특징이 있다. 예를 들어 암벽 등반과 같이 험한 산을 오를 때와 같다. 그것 자체가 즐거움이 되어 자신의 힘을 계속해서

학습의 전이 (transfer of learning)

어떤 분야에서 학습한 것이 이후의 다른 분야에도 긍정 혹은 부정적인 영향을 주는 것

(예시) 수학을 배운다 ⇒ 물리학 공부에 긍정적 영향을 준다

발휘할 수 있는 상태라고 할 수 있다.

조금 더 구체적으로, 하코네 에키덴(일본의 대학 육상 경기)에서 몇 차례나 기록을 갱신한 하라 스스므 감독(아오야마가쿠인 대학)과 선수들을 예로 들어 살펴보자. GRIT의 본질적인 특징을 5가지 능력 요인 '5Q 이론'(일본 비즈니스심리학회 감수)에 따라 다음과 같이 분류할 수 있다.

관계성(SQ) '실천 공동체' : 반년 이상의 합숙을 통한 강화 트레이닝

감정성(EQ) '낙관성' : 선수들을 강하게 만드는 낙관성과
유머 있는 생활

목표성(OQ) '개별 목표' : 스스로 팀에 의한 목표 관리와
개인 목표를 계획

지성(IQ) '의미 부여' : 과학적인 의미가 있는 신체를 활용한
최신 기술을 배운다

행동성(AQ) '행동 개선' : 평상시의 악습관이 되는 행동의 개선

즉, 아오야마가쿠인의 육상부는 생활의 기반이 되는 동료 관계, 그리고 낙관적인 감정, 개별 목표에 의한 계획, 의미 부여에 의한 성찰과 습관 행동 개선, 이렇게 5가지 능력이 조합된 팀이라고 할 수 있다.

이처럼 의지력과 GRIT는 재능이 아니라, 자신들의 스타일로 단련할 수 있는 것이며 강화할 수 있는 능력이다.

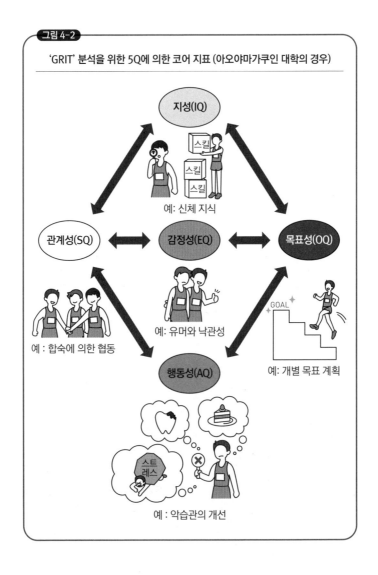

그림 4-2

'GRIT' 분석을 위한 5Q에 의한 코어 지표 (아오야마가쿠인 대학의 경우)

03
'자제심'이 인생의 성공을 결정한다

자제력

심리학 포커스

인생의 성공을 결정하는 요인을 알고 있다면, 누구나 고민하지 않고 그것을 얻기 위해 노력할 것이다. 그런 성공 요인에 대한 연구가 '마시멜로 실험'이다. 유아기부터 성인이 될 때까지 수십 년간을 추적 조사하여 알아낸 것이 바로 '자제심'의 중요한 역할이다. '자제심'은 자신의 욕구와 감정을 조절하며 인생을 좌우하는 능력이다. 이러한 능력을 얻기 위한 방법을 살펴보자.

✚ '마시멜로 실험'에서 알게 된 '자제심'의 효과

자제심을 실험하는 심리학의 실험으로 스탠포드 대학 W. 미쉘의 '마시멜로 실험'이 유명하다. 이것은 마시멜로를 준 아이에게 15분간 먹지 않고 기다리면 두 배를 주겠다고 설정하여, 4세 아이의 자제심과 추적 조사에 의한 장래의 성공과의 관계를 조사한 것이다.

그 결과, 참을 수 있었던 아이들은 전체의 3분의 1 정도였으며, 이후의 추적 조사 결과, 자제심이 높았던 아이들은 성인 이후에도 높은 대학 진학률과 경제적 여유 등 인생의 성공을 얻었다는 것을 알게 됐다. 대학 진학 적성 시험(SAT: 1,000점 만점)의 점수에서는 무려 210점이나 차이가 났다(그림 4-3 참조).

　그뿐만 아니라, 두뇌 활동을 조사한 결과에 따르면, 자제심이 강한 아이의 경우는 뇌의 관자놀이 부분에 있는 '하전두회'의 활성도가 높다는 사실을 알 수 있었다. 그렇다면 유아기의 자제심이야 말로 인생을 결정하는 요인이라고 볼 수 있을 것이다.

　하지만 2000년 이후, 이 마시멜로 실험은 한정적이라고 주장하는 연구가 많이 등장했다. 뉴욕 대학의 T. 왓츠가 검증한 것에 따르면, 자제심보다 경제적인 빈부차가 더 중요하다는 것이었다. 즉, '자제심 ⇒ 성공'이라고 하는 결과와 원인을 연결하는 인과 스키마가 부분적으로밖에 맞지 않았다는 것이다. 그 이유는 경제적으로 빈곤한 가정에서는 부모가 약속을 지키지 않는 경우도 있어서, '먹는 것은 빨리 먹는 것이 좋다'처럼 행동을 서두를 수 밖에 없게 만드는 **'현재 지향 바이어스'**가 높은 것이 원인이라는 것이다.

　이 논쟁에는 사람의 발달 요인이 사회적인 것인가, 유아기의 자제심의 능력인가, 뇌의 하전두회의 힘인가, 이렇게 3가지 요인이 관계되어 있다. 현재에는 개별적인 것이 아니라, 종합적으

키워드 심리학

현재 지향 바이어스(present bias)

이 '현재 지향'이라는 것은 지금 눈앞에 있는 이익과 메리트가 항상 우선하는 것을 말한다. 이성적으로 생각하면 미래의 것을 고려하여 현재점에서는 참는 것이 좋은 경우가 많다. 이 내용은 '마시멜로 실험'에서도 분명하게 정한 것이었다.

그림 4-3

'자제심'을 조사하는 마시멜로 실험

● 실험 내용

① 4세 아이에게 눈앞의 마시멜로를 먹지 않고 기다릴 수 있으면 나중에 2배를 주겠다고 약속했다.

② 마시멜로를 15분간 먹지 않고 참았다

③ 2배의 마시멜로를 받았다

● 실험 결과

유아의 3분의 1정도가 참을 수 있었다. 해당 아이들은 성인이 된 이후, 대학 진학률과 경제적 능력이 더 높았다.

670/1000

880/1000

로 영향을 받고 있다는 것이 지배적인 의견이다.

마시멜로 실험에서는 자제심을 기르는 방법과 실행 방법도 알 수 있다. 단순히 의지력이 있기 때문이 참을 수 있던 것이 아니라, 스스로의 욕구를 억제하기 위해 특정한 행동을 하며 노력했다는 점이다. 바로 먹은 아이는 마시멜로를 그냥 바라보기만 했다. 하지만 참아낼 수 있던 아이는 눈을 손으로 비비거나, 모자를 얼굴에 대는 등 시각적 자극을 받지 않으려고 노력했다.

의지력만으로 참는 데는 한계가 있지만, 이런 노력을 통하여 유연하게 대처한다면 누구라도 가능해진다. 마시멜로 실험에서도 자제하지 못한 아이들에게 이런 '방법'을 알려주니, 참을 수 있는 비율이 3배 이상이나 늘었다고 한다. 여기에는 욕구를 컨트롤하는 원리가 있다. 즉, 과자가 눈 앞에 있으면 욕구를 의식해버리기 때문에 '숨기는' 단순한 행동이 포인트이다.

어느 회사에서는 휴식 시간에 자유롭게 과자를 먹을 수 있도록 사무실 입구에 있는 선반에 놓았다. 그리고 약 1년 후, 과자를 자주 먹던 사원들에게 성인병이 생기는 문제가 발생했다. 이후 선반에 있는 과자를 보이지 않도록 서랍이 있는 장에 넣어두니, 성인병이 발생할 확률이 절반으로 감소했다고 한다.

이것은 자제심을 강하게 만든 것이 아니다. 다만, 선반 안에 넣어두는 행동의 '노력'을 한 결과이다. 이러한 노력의 응용은

아침에 일찍 일어나야 할 때, 혹은 다이어트 등으로 적용 범위
를 넓히면 습관 행동을 개선하는 데 특히 유효할 것이다.

04
새로운 기술을 배우려면 전문가 집단에 참여하라

심리학 포커스

성인은 영어를 공부할 때 정말 힘든데, 아이는 어떻게 그렇게 자연스럽게 말을 배우는지 신기하다. 아이는 성인과 같은 암기식 공부가 아니라, 부모와 함께 신체와 일체화된 자기 나름의 말을 만들어내기 때문이다. 마찬가지로 우리의 재능 이상으로 한 발 나아갈 수 있는 상황이 우리를 발달시킨다.

✚ **발달의 포인트가 되는 '근접 발달 영역'이란?**

발달이라고 하면 본능적인 능력이 점점 밖으로 나타나는 것이라고 생각하는 사람이 많을 것이다. 하지만 이러한 이미지는 잘못된 것이다. 예를 들어 아이의 언어 발달을 보면, 그림 4-4-①처럼 아이와 부모와의 교류 속에서 암기와는 전혀 다른 방법으로 말을 배우게 된다.

부모는 '맘마 맛있어'와 같은 말을 사용한다. 이것은 유아기 특유의 '옹알이 말'인데, 아이는 '밥이 맛있어'라고는 말하지 못한다. 아이가 '마마' 정도 밖에는 말하지 못하니까, 부모가 여기에 맞춰서 형태를 '맘마'라고 약간 바꾸어 말한 것이다. 이처럼

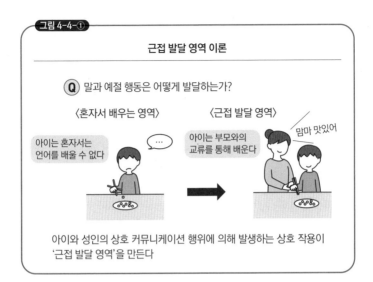

그림 4-4-①

근접 발달 영역 이론

Q 말과 예절 행동은 어떻게 발달하는가?

〈혼자서 배우는 영역〉　　　〈근접 발달 영역〉

아이는 혼자서는
언어를 배울 수 없다　　　　아이는 부모와의
교류를 통해 배운다

맘마 맛있어

....

아이와 성인의 상호 커뮤니케이션 행위에 의해 발생하는 상호 작용이
'근접 발달 영역'을 만든다

부모가 약간 바꿔서 말해주는 것이 포인트이다. 이런 교류 방법
은 결코 무리하지 않아야 하며, 부모가 아이에게 맞추면서 조금
씩 실제 언어에 맞추도록 접근해야 한다.

　그리고 성장함에 따라, 입을 열 때 '자. 아~'라고만 이야기한
다. 그리고 입안에 든 것을 다 먹었을 때, '맘마 맛있어'라고 말
하는 순서로 언어를 연결한다. 이때 유아는 입을 여는 것이 '아
~'라는 의미라고 알게 되는데, 처음에는 부모가 말하는 물리적
인 소리로서 들을 뿐이다. 그것이 몇 번인가 반복되는 동안 '아
~'가 입을 연다는 것을 의미한다는 것, '맛있어'가 '맛이 있다'는
의미라는 것을 습득하게 된다. 이러한 발달 과정에서는 아이가

수동적이지 않으며, 부모와 공동으로 '창조'해 나가는 것이 중요하다.

이렇듯 발달의 요점은 어른(숙달자)과 아이(초보자)와의 '상호 교류'에 있다고 할 수 있다. 이 특별한 교류의 상황을 '근접 발달 영역'이라고 부른 사람이 L. 비고츠키이다. 그는 말을 문화적인 기호라고 보았다. 그리고 그 기호가 '매개'로서 사고를 만들어내어 발달한다고 생각했다. 이 '매개'라고 하는 것을 정리해서 말하자면, 사고는 언어가 없이는 사고가 아니라는 것이다.

✦ '근접 발달 영역'의 집단, 조직에의 응용

비고츠키는 이 발달 과정의 창조적인 면을 '근접 발달 영역'이라고 하는 개념으로 설명했다. 그리고 아이의 능력과 성장이 어른(타인)과의 상호 교류 속에서 발달한다는 것을 강조했다.

이 발달론은 E. 웽거의 '실천 공동체론'에도 계승됐다. '실천 공동체'는 목적이 같은 동호회, 가족, 학교 등의 집단을 의미한다. 그리고, 부모와 아이의 관계와 마찬가지로 집단, 조직에 있어서도 '근접 발달 영역'이 응용될 수 있다고 보았다. 즉, 교사식 학습 모델이 아니라, 그 커뮤니티의 참가 과정 그 자체가 학습 (발달)이라고 보았다.

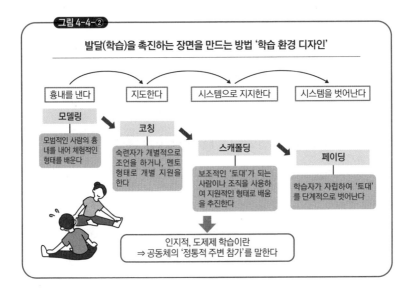

그림 4-4-②

발달(학습)을 촉진하는 장면을 만드는 방법 '학습 환경 디자인'

| 흉내를 낸다 | 지도한다 | 시스템으로 지지한다 | 시스템을 벗어난다 |

모델링
모범적인 사람의 흉내를 내어 체험적인 형태를 배운다

코칭
숙련자가 개별적으로 조언을 하거나, 멘토 형태로 개별 지원을 한다

스캐폴딩
보조적인 '토대'가 되는 사람이나 조직을 사용하여 지원적인 형태로 배움을 추진한다

페이딩
학습자가 자립하여 '토대'를 단계적으로 벗어난다

인지적, 도제제 학습이란
⇒ 공동체의 '정통적 주변 참가'를 말한다

그 접근 방법은 E. 웽거의 '상황에 매몰된 학습법'에 자세히 해설되어 있다. '상황 속에 매몰되어 있다'라고 하는 표현이 독특한데, 이것이 **정통적 주변 참가**라고 하는 학습의 특징이기도 하다.

근접 발달 영역 이론은 그림 4-4-②처럼 4단계로 되어있다. 그 중에서 '스캐폴딩'은 J. 브루너가 주장한 키워드이다. 이것은 부모가 아이의 손을 잡아주면서 젓가락을 들게 하고, 아이가 먹

정통적 주변 참가(legitimate peripheral participation)
'실천 공동체'의 학습 이론과 관련된 개념이다. 옷의 단추를 끼우듯이 실수하더라도 수정이 용이한 일부터 시작하여 레벨을 올려간다. 이러한 작은 일부터 시작하는 참가 프로세스에 의해, 어느 순간 정통적인 일이 가능하여 한 사람 몫을 할 수 있게 된다고 보는 학습 이론이다.

을 수 있게 '지지해준다'는 의미이다. 여기서 한발 나아갈 수 있는 상황에 학습의 본질이 있다고 보았다.

① 타인을 흉내 내는 '모델링' ⇒ ② 개별로 배우는 '코칭' ⇒
③ 보조적인 토대를 만드는 '스캐폴딩' ⇒ ④ 지지하던 토대를 조금씩 벗어나는 '페이딩'

이러한 발달, 학습 이론의 의의는 일상이나 일을 하고 있는 상황의 의미를 사람의 성장이라고 하는 관점에서 보게 하는 것이다.

'인지적 도제제'라고 하는 용어에 대해서도 옛날 도제 제도가 좋다고 하는 것이 아니라, '상황과 밀착된 인간 관계'가 주는 교육 효과에 대해서 말하는 것이다.

처음에는 아무것도 '가르치지 않는' 부모가 있고, 청소부터 세탁까지 일상의 일을 해준다. 하지만, 그 일들 속에는 부모(전문가)의 지혜와 고민이 담겨 있다. 이 실천의 장소에서 전문가의 행동 습관까지 습득하게 된다. 여기서의 경험 학습이 부모의 기술을 이해하고 습득함에 있어서도 중요하다.

밖에서 배우는 학교 교육과는 다른 배움이 여기에 있다고 할 수 있다. 이 습관까지 포함한 발달의 영역이야말로 성장을 도약시키는 장소라고 할 수 있다.

만약 당신이 어떠한 일의 전문가나 적격자로서 기술을 배운다고 한다면, 개인의 배움 이상으로 그 실천을 하고 있는 전문가 집단(실천 공동체)에 참여하면 좋다. 그뿐만 아니라, 더 나아가서 스스로 전문가 집단을 만들 수 있다면 의욕이 더욱 높아질 것이다.

전문가 집단에 참여하게 되면 전문적인 언어로 대화가 시작된다. 그 대화가 배움의 동기를 강화하게 되고, 특유의 가치관과 의미를 배울 수 있다. 비고츠키가 '근접 발달 영역' 이론으로 말하려고 한 것은 그 상호 교류의 장소가 학습의 동기까지 만들어낸다는 것이다.

그런 이유에서 나와 동료들도 스스로 기획하여 15가지 업계 단체와 학회를 만들어왔다. 그 의도에는 이론과 실천 공동체의 장소가 우리에게 있어서 '근접 발달 영역'의 장소이기도 하기 때문이다.

여기서 생기는 강한 '동기'는 그렇게 간단하게 사라지지 않는다. 자신의 임무가 되기 때문이다. 그런 의미에서 처음에는 소수의 스터디 그룹 등 자신이 할 수 있는 실천 공동체를 만들어보는 것을 추천한다. 그런 배움의 장소를 만드는 것이야 말로 자신의 생애에 걸친 '근접 발달 영역'이 되기 때문이다.

05
인간의 창의성과 문화의
토대가 되는 '놀이'

놀이에 의한 창조 사고

심리학 포커스

놀이를 단순히 즐겁기 위한 수단이나 기분 전환을 위한 것이라고 생각하는 것은 큰 착각이다. 놀이는 아이의 발달 단계에 특별한 효과를 가지고 있으며, 또한 사고, 감정에 영향을 줌과 동시에 문화의 창조를 만들어내기 때문이다. 놀이에 대한 사고를 확장하고 놀이의 힘과 문화 창조에 대한 기여를 알면, 직장에서의 일을 개선하거나 전문적인 기술을 배우는데도 도움이 된다.

✚ 놀이는 그것 자체가 목적이며, 창조 사고를 강화한다

　　　　놀이에는 '다양성'이 있다는 점에 주목할 필요가 있다. '노는 사람'을 의미하는 '호모 루덴스(Homo Ludens)'를 주장한 J. 호이징거는 놀이는 문화의 측면을 따라 다양성을 가지고 있으며, 그것은 인간의 발달과 성장에 큰 영향을 미친다고 했다.

　그리고 놀이에는 경쟁, 싸움, 협력, 분배, 평등 등의 가치(도덕)가 포함되어 있다고 말했다. 호이징거는 놀이가 단순히 기분 전환을 위한 신체 행위가 아니라, 예술과 스포츠 등을 포함한 문화 원천이며, 놀이 그 자체가 문화라고 주장했다. 또, 문화 속을 관통하는 보편적인 인간의 창조성을 나타내는 것으로 보았다.

또한 놀이는 사고를 확장하며, 창조성과 논리성을 높인다는 것도 실증됐다. 예를 들어,

모든 고양이는 짖는다 ⇒ 머핀은 고양이다 ⇒ 머핀은 짖을까?

이런 3단 논법의 질문에 대해 10세까지의 아이들은 틀리기 쉽다. J. 피아제가 발달 단계 이론에서 이야기한 것처럼 아직 그 연령에서는 '**형식적 조작기**'에 이르지 못하며, 추상적 사고를 할 수 없는 단계이기 때문이다. 그렇기 때문에 아이는 '아뇨, 고양이는 울어요. 짖지 않아요'처럼 3단 논법과 관계없는 대답을 하게 된다. 이것은 피아제에 의해 여러 차례 검증됐지만, 반증이 나올 수 있다.

어쩌면 아이는 이 질문을 받았을 때, 어째서 이런 것을 물어보는지 알 수 없었던 것은 아닐까? 같은 질문을 만약 '놀이'라고 하는 상황에서 이야기해보면 어떨까? 이와 같은 '**상황적 인지론**'의 시점으로 같은 질문을 재미있게 표현하여 질문했더니, 아이

키워드 심리학 **형식적 조작기(formal operational stage)**
발달심리학자인 J. 피아제의 '발달 단계 이론'의 개념이다. 추상적인 논리 사고가 가능한 단계를 의미한다. 이것의 전 단계는 구체적인 사고인 '**구체적 조작기**'의 단계(11세 미만)이다. 초등학교 4학년 전후가 이 경계가 되기 때문에, 지도할 때 주의가 필요하다.

는 놀랍도록 논리적으로 대답했다.

이 연구는 영국의 M. G. 디아스에 의해 밝혀졌는데, 여기서 나아가 코넬 대학의 A. 아이센은 놀이 상황이 상상력을 증가시키는지를 검증했다. 그 방법은 던커의 '양초 문제'로 알려진 실험을 이용한 것이다. 그림 4-5처럼 핀 상자, 양초, 성냥을 준비하고, 벽에 양초를 고정하고 불을 붙이려면 어떻게 해야 할지 묻는다. 5분 이내에 문제를 해결하는 것이 목적인 질문인데, 일반적으로는 대학생이라고 해도 30%는 풀지 못한다. 그 이유는 핀 상자는 '물건을 담는 것'이라는 스키마가 작용하는 고정 관념 때문이다. 이것은 지식의 '기능적 고착'이라고 불린다.

하지만 문제를 보여주기 전, 5분간 슬랩스틱 코미디 영상을 시청한 피험자는 75%나 이 문제를 해결할 수 있었다. 반대로 진지한 수학 영상을 시청한 피험자는 25%밖에 풀지 못했다.

이 두 가지 실험이 나타내고자 하는 바는 진지한 상황에서는 풀지 못했던 문제가 놀이와 같은 즐거운 상황으로 바뀌면 풀 수 있었다는 점이다. 전문적으로 말하면 사람의 '사고력'이라고 하는 것은 개인의 머릿속에서 고정되어 존재하는 것이 아니라 '상

상황적 인지(situated cognition)

사람의 기억과 사고가 한정된 상황에 제약되어, 그 장소(환경)의 상호 작용에 의해 복합적인 인식을 만든다고 하는 인지 이론을 말한다. 지금까지의 고정적인 뇌 내에 있는 기억, 지식의 이론에 대한 비판이 됐다.

그림 4-5

던컨의 양초 문제 실험

■ '양초 문제'의 실험 방법

① 왼쪽 그림과 같은 상태를 설정한다. 그리고 '5분 이내에 벽에 양초를 고정하고 불을 붙여라'고 지시한다. 사용할 수 있는 재료는 핀 상자, 성냥, 양초 3가지이다.

② 여기서 세울 수 있는 가설은 '핀 상자에서 핀을 꺼내고, 그 상자를 이용하는 것을 생각하지 못한다. 그 이유는 '상자는 핀을 담는 것'이라는 고정적인 스키마 때문이다.'

③ 정답은 오른쪽 그림처럼 핀 상자가 받침이 되는 형태이다.

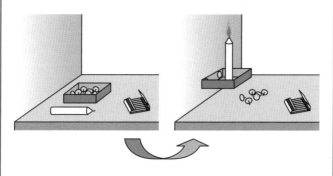

■ 실험 결과

• 일반적으로는 대학생도 30% 정도는 풀지 못한다

하지만

| 사전에 코미디 영상을 보여준다 | **75%** 정답 |

| 사전에 수학과 관련된 진지한 영상을 보여준다 | **25%** 정답 |

황'의 설정에 의해 사고도 유연해지며, 생각하는 힘도 늘어나게 된다는 것이다.

이런 점에서 놀이는 창조 사고를 확장한다는 것을 알 수 있다. 만약 일에 집중해야 하는데 문제가 잘 해결되지 않는다면, 장소 등을 바꿔서 생각해 볼 수 있는 편한 놀이 장소를 만들어 보는 것도 좋다. 이것은 일의 work와 휴식의 vacation을 조합한 '워케이션(workation)'으로 불리는 것으로, 분명 새로운 발상이 떠오를 것이다.

앞서 이야기한 피아제의 '발달 단계 이론'은 다음 스텝으로 가기 위해서는 이전의 단계를 반드시 달성하지 않으면 안된다는 이미지가 있다. 하지만 다음 예는 발달 단계의 예외로서 생각할 수 있다. 예외인 이유를 각각 설명해보자.

예외A

특정 기술을 사용한 경기 스포츠나 예술
(피겨 스케이트 / 100m 경주 / 그림 그리기)

예외B

정의와 논리에 대한 도덕심의 발달
(민족과 문화의 차이가 더 큰 문제라는 이유)

??? 해답 예시

발달 단계 이론의 예외적인 예로서 다음과 같은 것들을 생각할 수 있다.

(A의 이유) 피겨 스케이트 등은 신체, 체중의 변화에 의한 영향으로 자세를 바꿔야할 필요가 있으며, 그 때문에 경험 연령이 높다고 해도 기능의 발달과 연결 지을 수 없기 때문이다.

(B의 이유) 부탄에서는 타인에 대한 공헌과 공평성 등의 도덕심이 다른 나라 국민보다 높다고 한다. 이것은 서양식 도덕심의 발달과는 다른 면이 있다.

B의 도덕심에 대해서는 도덕심이 단계를 따라 발달한다고 말한 콜버그설 논리에 대한 비판도 되며, 아직 검증의 여지가 있다.

응용심리편

PART **2**

응용심리학은 기초심리학을 발전시킨 실용성을 중시하는 학문으로
많은 분야로 나누어져 있다.

이 책에서는 특히 오랫동안 연구됐던 내용과 인지도가 높은 이론들을 선택했다.

이 정도만 알아두면 현대 심리학의 개요는 어느 정도 이해할 수 있을 것이다.

CHAPTER **5**

커뮤니케이션을 위한
'대인관계심리학'

01
서로의 '상성'은 어떻게
알 수 있을까?

심리학 포커스

결혼 후, 성격 차이 때문에 이혼했다는 이야기를 자주 듣게 된다. 하지만 정말 성격이 안 맞는 것이 문제였을까? '성격'이라고 하는 것은 자체로 쉽게 판단할 수 있는 것은 아니지만, '특성 5인자 모델'이 표준이라는 것과 성격 차이에는 두 가지 타입이 있다는 것을 알고 있으면 도움이 될 것이다.

✚ '상성'이 맞지 않는 진짜 이유는 무엇일까?

취직 면접 때 많이 문제가 되는 것은 인상과 상성이라고 하는 성격적인 판단에 대한 것이다. 성격을 어느 정도 진단하는 방법은 많이 있지만, 현재 신뢰받는 것 중에는 그림 5-1에 나온 '빅5'가 많이 알려져 있다. 이것은 '특성 5인자 모델'에 따른 성격 진단으로, 성격이 좋은지 나쁜지를 나타내는 것은 아니다. 이는 C. G. 융의 성격 이론을 도입한 것으로, 일반적인 진단법으로서 신뢰성이 높다. 여기서 특성 인자라는 것은 성격의 능력 요인을 특징짓는 부분을 말한다.

그 성격 각각의 특성을 보면, 상호 간에 대비적인 관계를 나

그림 5-1

특성 5인자 모델 (빅 5)

명칭	본질	일반적 특징
내향성 - 외향성	활동	소극적/적극적
분리성 - 애착성	관계	자주독립적/친화적
자연성 - 통제성	의지	있는 그대로/목적합리적
비정동성 - 정동성	정동	정서 안정된/민감한
현실성 - 유희성	놀이	성실한/놀고 싶은 마음

츠지히라 지로의 『5인자 성격 조사의 이론과 실제』 참조

타내고 있다. 예를 들어 내향성과 외향성은 소극적인가, 적극적인가의 행위 면에서 대비되고 있다. 이것을 5단계의 순위로 점수화한 것이다. 다른 항목들도 마찬가지로 점수화하여 그 종합점수를 성격의 경향으로 나타낸다.

융의 성격 분석법을 기반으로 했다고 알려져 있지만, 특정 사상만을 도입했다고 하기보다는 다수의 실증 연구(**인자 분석법**)에 의해 작성됐다고 할 수 있다.

키워드 심리학

인자 분석법(factor analysis)
심리학의 통계 분석에서 자주 사용되는 방법으로, 다수의 특징을 소수의 요소로 설명할 수 있도록 하는 것이다. 그렇게 하는 것이 전체로서 이미지를 떠올리기 편하다는 장점이 있다.

그런데 앞서 예를 든 채용 면접에서, 성격 문제라는 점은 의외로 고려되지 않고 있다. 면접관이 외향적인 사람이라면 자신과 비슷한 외향적인 행동을 갖춘 사람에게 호감을 느끼게 된다. 그 경우 내향적인 사람은 상당히 불리할 것이다. 행동 경향이 비슷한 사람에 대한 호감도가 높다고 하는 '유의성 효과'가 작용하기 때문이다.

그렇다면 상성이란 행동 경향이 비슷한 사람 사이에서 결정되는 것일까? 이것은 초기 단계에서는 그렇지만, 장기간에 걸쳐서는 같은 행동 경향의 사람들끼리 서로 충돌하기 쉬운 면도 나타난다. 오히려 결혼 생활처럼 장기적인 경우에는 서로를 보완해주는 행동 경향, 즉 반대 요소가 있을수록 좋은 면이 있다. 이는 '상보성 효과'라고 하는데, 자신은 외향적이라면 상대방이 내향적인 경우, 장기적으로 성격이 잘 맞는다고 할 수 있다. 즉, 단기적으로는 '유의성 효과', 장기적으로는 '상보성 효과'가 중요하다. 다만, 가치관의 경우는 다른 문제인데, 장기적으로는 가치관이 비슷한 편이 성격이 잘 맞는다는 것도 알 수 있다.

실제로 궁합을 생각할 때는 이 5인자를 참조하면 알기 쉽다.

예를 들어 대비되는 관계의 5가지 단계를 보면 알 수 있듯이, 상보적인 상성이 좋은 것은 '내향성'과 '외향성', '분리성'과 '애착성', '자연성'과 '통제성'(이하 생략)이라고 하는 대비 관계에 있는 것들이다. 또, 그림 5-1에서 보면 내향성, 외향성의 가운데 칸에 있는 '활동'은 그 성격의 대표 기준을 '본질'이라고 표현하고 있다. 그리고 그 내용의 '일반적 특징'을 오른쪽 칸에 설명하고 있다. 내향성의 점수가 높은 경우는 소극적인 행동을 하는 경향이 높고, 외향성의 점수가 높은 경우는 적극적인 행동을 하는 경향이 높다는 의미이다.

이러한 특징들은 서로 반대의 것이기 때문에 보완적인 관계도 될 수 있다.

다만, 무조건적으로 상보적이라고 할 수 있는 것은 아니며, 서로 충돌하는 면도 있어서, 물과 기름의 관계가 되기도 한다.

특히 이런 점에서 상보성의 상성은 특정 상황에서 충돌할 가능성을 내포하고 있지만, 이것을 좋은 상성으로 만들기 위해서는 서로를 강하게 지지할 수 있는 공동 체험 등이 필요하다. 그런 의미에서 형식적인 상성을 볼 것이 아니라, 서로가 공통되는 가치와 경험을 공유할 수 있는지를 보는 것이 중요하다. 심리학의 상성 연구는 그런 점에서 일반적으로 생각하는 것 이상으로 어려운 분야이다. 즉, 상성은 고정적인 것이 아니라 함께 여행을 하거나, 함께 집안일을 하는 등으로 더욱 상성을 강하게 만들 수 있다고 생각하는 것이 좋다.

02
능력이 없는 사람일수록
자신이 능력 있다고 착각한다

심리학 포커스

자신감이 과도한 사람을 긍정적이라고 생각하게 되는 경우가 많다. 카운슬링에서도 '일단 먼저 자신감부터 높여라'는 식으로 많이 이야기하기 때문이다. 하지만 능력이 없을수록 과도하게 자기를 평가한다는 것을 알 수 있다. 그런 어리석음에 빠지지 않기 위해 자가 체크 방법을 알아두도록 하자.

✚ '근거 없는 자신감을 가지는 것'은 위험한 발상

자기계발서 등에서 '근거 없는 자신감을 가져라'라는 말을 자주 볼 수 있다. 이런 긍정적인 믿음에 대해서는 그림 5-2-①에 나오는 '더닝 크루거 효과'(dunning-kruger effect)의 실험으로 반론할 수 있다. 세로 축이 지능 시험의 점수이며, 가로 축이 현실의 유능함을 레벨로 나타낸 것이다. 그림 5-2-①과 같이 하위의 레벨 밖에 되지 않는 사람이 자신의 예상 득점을 60점이라고 하고 있지만, 현실은 30점 정도 밖에는 되지 않는다.

이러한 망상은 넓은 의미에서는 '포지티브 일루전'(positive

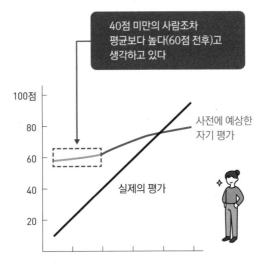

그림 5-2-①

더닝 크루거 효과

40점 미만의 사람조차
평균보다 높다(60점 전후)고
생각하고 있다

100점

80

60

40

20

사전에 예상한
자기 평가

실제의 평가

• 능력이 낮은 사람은 '자신을 과대 평가'한다
• 능력이 높은 사람은 '자신을 과소 평가'한다

출처 : Dunning, David, 2011, The Dunning-Kruger Effect: On Being Ignorant of
One's Own Ignorance, Advances in Experimental Social Psychology, vol.44.

illusion)이라고 말한다. 예를 들어 초등학생에게 계산 문제 20개를 20분 만에 풀게 하는 경우, 실제로 문제를 풀 수 있는 학생은 문제의 난이도를 확인하여 1문제당 1분 정도에 풀면 괜찮을지를 가장 먼저 확인한다. 하지만 반대로 실제로 문제를 풀 수 없는 학생은 무슨 이유에서인지, 대충 보고서도 풀 수 있을 거라고 생각한다. 그로 인해 적절한 시간 분배를 할 수 없게 되고, 시간이 부족하여 틀리게 된다.

더닝은 이 원인을 '무지(無知)에 의한 이중 부담'이라고 설명했다. 첫 번째로 능력이 낮은 사람은 무지하기 때문에 실수가 많다는 점이다. 그리고 두 번째는 '자신이 가능한 부분이 무엇인지'를 인지하지 못하는 점이다. 즉, 앞의 예를 통해 이야기하면 20개의 문제가 똑같아 보여서, 어떤 문제가 다른 문제보다 어려운 문제인지 구별을 하지 못한다. 이렇게 자기 능력을 모니터하는 인식은 '메타인지'의 능력으로서 설명할 수 있다.

'적을 알고 나를 알면 백전백승'이라는 속담이 있듯이, 자신을 아는 능력이 인생을 결정한다고 할 수 있다. 그것을 위해서는 '자신 과잉'이 될 가능성을 이해하고, '겸허'해야 한다.

키워드 심리학

자가 체크의 방법

메타인지 능력을 측정하기 위해서는 자가 체크를 하는 습관이 중요하다. 이를 위해서 하루에 한 번은 자기 행동 레벨로 지표를 결정하고, 그날의 성과와 예상의 차이를 인식하는 것이 중요하다.

이것은 단지 도덕적인 의미만이 아니라, 인지의 능력으로서 '겸허'야 말로 가치가 있기 때문이다.

예를 들어 밤에 잠들기 전에 하루를 되돌아보고, 자신이 오늘 하루 하고자 했던 일과 실제로 할 수 있었던 일과의 차이를 체크해보는 것도 효과적이다. 나도 이런 **자가 체크**를 10년 이상 빠지지 않고 해왔는데, 이를 통해 자신의 변화를 알 수 있었던 것도 큰 즐거움이었다.

03
어째서 괴롭힘이나 추행은 사라지지 않을까?

괴롭힘의 발달 단계 | 환경 시스템

심리학 포커스
....
괴롭힘이나 추행이 늘어나고 있는 현대 사회를 보면, 왜 이런 일이 사라지지 않는지 궁금할 것이다. 이런 문제의 뿌리 깊은 원인에는 도덕심과 마음 가짐의 문제가 아니라 '발달 단계'라고 하는 것이 열쇠가 된다. 특히 아이들뿐 아니라 성인의 발달 단계에 대해 알게 되면, 타인과의 인간 관계에 있어서도 더욱 잘 헤쳐 나갈 수 있을 것이다.

➕ 괴롭힘은 '가해자'와 '피해자'의 개인적인 문제일까?

괴롭힘과 추행의 문제는 도덕심과 관계가 있으며, 특히 성인은 괴롭힘이 도덕적으로 나쁘다고 알고 있다. 하지만 최근 일본에서는 초등학교 교사가 동료 교사를 괴롭히고 폭행한 사건도 있었는데, 이런 경우를 보면 도덕심이라는 것 자체가 무엇인지 의심스럽게 생각된다.

이러한 문제의 해결점은 괴롭힌 가해자와 피해자의 승패의 문제가 아니라, 괴롭힘을 발생시킨 관계성을 '순환 시스템'으로서 이해하는 것이다. 여기서 말하는 '시스템'은 IT에서 쓰는 식의 용어가 아니며, 1+1=2와 같은 단순한 계산도 아닌, 전체적인 상호 작용을 의미한다. 가족 치료와 조직 개선에서 사용되는 방법도 마찬가지지만, 특징적인 것은 부분 최적이 아니라 전체 최적을 문제로 하고 있다는 것이다.

이런 관점에서는 괴롭힘을 당하는 피해자도 나쁜 점이 있을 것이라는 견해는 틀렸다는 것이 명확해진다. 부분 최적으로는 괴롭힌 가해자와 괴롭힘을 당한 피해자, 이렇게 2자 관계 밖에는 보지 못한다. 그 때문에 마치 개인의 자각과 책임의 문제인 것처럼 받아들이게 되어 버린다. 이것은 괴롭힘 문제의 해결을 어긋나게 하며, 전체를 보아야 비로소 이 문제에 이중 구조가 있다는 것을 알 게 된다.

공원에서 아이들을 놀게 하는 부모들과 소음으로 힘들어하는 주민과의 문제를 예로 들어보겠다. 이 경우, 피해자 측인 주민의 소음 문제는 개인차에 의한 문제인 것처럼밖에는 취급되지 않으며, 부모 측은 아이들을 위해서 어쩔 수 없으니 참으라고 이야기한다. 여기서 일부 보호자는 피해 주민에게 거칠게 따지는 등의 상황도 벌어진다. 하지만 이것도 당사자끼리의 개인

순환 시스템

조직 심리학자인 C. 아지리스는 작은 모순 관계가 커다란 변화를 일으키는 순환을 문제 삼았다. 이 순환 시스템을 '더블 루프(double-loop)'라고 부르고, 단순한 '싱글 루프(single-loop)'와 구별했다. 학교의 괴롭힘 문제를 예로 들면, 학생 사이 개인간의 모순은 싱글 루프, 학교 문화의 관점에서 보는 것을 더블 루프라고 볼 수 있다.

적인 문제로 치부되어 사과를 하는 것으로 끝나게 된다. 현실에서 이런 대처 방법으로는 해결의 본질과는 멀어진 부분 최적 밖에는 될 수 없는 것이다.

✚ 괴롭힘의 배경에 있는 '우월 콤플렉스'

추행과 같이 상대방이 싫어하는 것을 무시하고 하는 행동 등의 심리적 '폭력'의 경우, 여기에는 반드시 그것을 정당화하는 '중간 집단'이 있다. 괴롭힘 당사자는 그 집단 내에서 리더적 존재이며, 괴롭힘을 통해 동료 의식을 강화하고 있는 것이다. 여기에는 '**내집단 바이어스**'라고 불리는 집단의 어그러진 '유대 만들기'가 있다. 그리고 약한 위치의 타인을 괴롭히면서 자신이 타인보다 우월하다고 생각하는 '**우월 콤플렉스**'가 있다고 할 수 있다. 이것은 정신과 의사이기도 한 아들러가 설명한 개념으로서, 자기 열등감의 일그러진 표현이다.

즉, 괴롭힘에는 개인의 열등감 해소와 집단의 동조 효과에 의

내집단 바이어스(in-group bias)

자신이 소속되는 집단을 '내집단', 반대를 '외집단'이라고 한다. 이 경우, 내집단에는 너그럽지만 외집단에는 엄격한 인식, 평가를 하는 것으로 알려져 있다.

우월 콤플렉스(superiority complex)

A. 아들러가 말하는 '우월 욕구'가 변질된 것이 '우월 콤플렉스'이다. 이것은 '열등 콤플렉스'와 양면의 관계가 있으며, 두 가지 모두 인생의 문제에서 회피하는 수단이 된다는 점에서 문제가 있다고 할 수 있다.

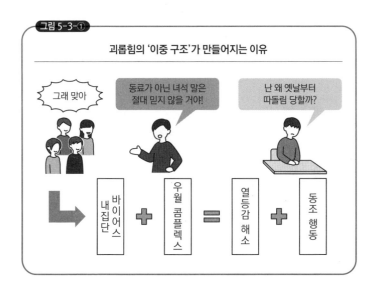

그림 5-3-①

괴롭힘의 '이중 구조'가 만들어지는 이유

그래 맞아

동료가 아닌 녀석 말은 절대 믿지 않을 거야!

난 왜 옛날부터 따돌림 당할까?

바이어스 내집단 **+** 우월 콤플렉스 **=** 열등감 해소 **+** 동조 행동

해 동료 의식을 강화하고 싶어하는 의식, 이렇게 이중 구조가 있음을 알아두는 것이 중요하다(그림 5-3-① 참조). 그리고 주변에서 이를 용인하는 사람들이 이 이중 구조를 지지하며, 괴롭히는 당사자의 정당화를 촉진하는 점도 잊어서는 안된다. 주변의 사람들은 직접 행위를 하지 않더라도 용인하는 것으로 괴롭힘에 가담하고 있지만, 본인에게는 그러한 자각이 없다.

✚ 피해자도 가해자가 되는 악순환

지금까지는 피해자를 '약한 사람'이라고 보았으나, 장기적으로 보면 사실 가해자도 약한 사람이라는 점을 알아야 할

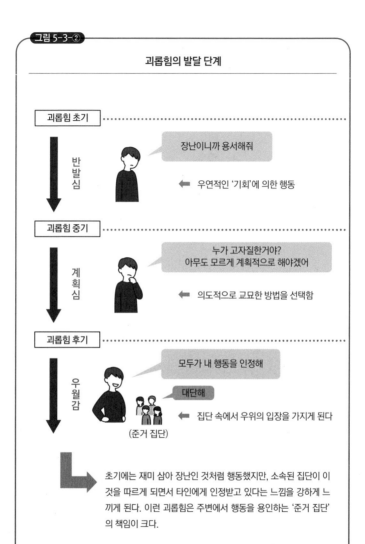

그림 5-3-②

괴롭힘의 발달 단계

괴롭힘 초기

반발심

장난이니까 용서해줘

← 우연적인 '기회'에 의한 행동

괴롭힘 중기

계획심

누가 고자질한거야?
아무도 모르게 계획적으로 해야겠어

← 의도적으로 교묘한 방법을 선택함

괴롭힘 후기

우월감

모두가 내 행동을 인정해

대단해

← 집단 속에서 우위의 입장을 가지게 된다

(준거 집단)

초기에는 재미 삼아 장난인 것처럼 행동했지만, 소속된 집단이 이것을 따르게 되면서 타인에게 인정받고 있다는 느낌을 강하게 느끼게 된다. 이런 괴롭힘은 주변에서 행동을 용인하는 '준거 집단'의 책임이 크다.

154

필요가 있다. 이것은 이중 구조를 이해하면 알 수 있게 된다. 어린 시절 부모로부터 학대가 있었다면, 그 아이가 부모가 됐을 당사자 자신이 가해자가 되어 버리는 경우도 많기 때문이다.

예를 들어 일본에서 있었던 교사 괴롭힘 사건에 대해서는 괴롭힘을 없애는 역할을 해야 할 교사가 자신의 역할을 다하지 못했다는 점에서 직무 유기를 하고 있지만, 한편으로는 단순히 나쁜 장난이었을 뿐이라고 변명하고 있는 것에 주목할 필요가 있다. 가해자의 입장에서는 괴롭힘이 아니라 장난이었다는 상호 간의 '합의'가 있었기 때문이다.

이렇게 괴롭힘 문제의 원인을 설명하는 것 자체가 괴롭힘 의식의 증거라고 할 수 있는데, 그림 5-3-②처럼 괴롭힘에도 발달 단계가 있기 때문이다. 이는 범죄심리학에서도 밝혀진 바 있는 것으로, 자신의 우월감을 채우기 위한 범죄의 단계이다. 여기서는 3단계로 분류하고 있는데, 피해자의 대처 실수는 장난 수준인 초기에만 존재한다. 장난의 심리는 추행과 공통된다. 자신들과 다른 가치관과 행동을 하는 사람을 배제하려고 하는 의식이 강하게 작용하기 때문이다.

그리고 자신들이 정의라고 생각하는 입장에서 당초에는 응징에 가까운 태도, 혹은 혐오 표현을 하게 된다. 이것이 어느 순간 '지나친 장난'이라는 문제로 바뀌게 되는 것이다. 그리고 이러한 초기의 대처가 악순환으로, 더욱 괴롭힘의 전염적인 확대를 불러 일으킨다. 이런 면에서 괴롭힘과 추행을 막기 위해서는 장난과 혐오 표현 등을 가볍게 봐서는 안 되는 것이다.

그리고 만약 피해자가 싫은 기분이 든다면 이것을 상대방에게 전하는 '어설션'을 해야한다. 물론 이를 위해서는 가해 상대방과 대화를 해야 하지만, 피해 당사자로서는 평소에 스트레스가 심하기 때문에 저항감이 있을 것이다. 그럴 때는 공통의 친구가 있다면 중재를 부탁하여 이야기하는 것도 좋다. 이러한 것을 하지 않고 참고 웃으며 넘어가게 되면, 괴롭힘의 악순환을 반복하는 원인이 된다.

특히 누군가에게 미움 받고 싶지 않다는 기분을 강하게 느끼는 경향이 있어서 거절을 잘 하지 못하는 사람에게는 더욱 아들러가 말하는 '미움 받는 용기'가 필요하다고 할 수 있다.

키워드 심리학

어설션 (assertion)

자신의 솔직한 기분과 생각을 상대방에게 적절한 표현 방법으로 주장하는 것. 자기의 분노와 불안의 감정에 좌우되지 않고 주장하기 위해서는 분노 조절 관리법과 병행하면 더 효과적이다.

04
1대1 미팅의 효과적인 방법

심리학 포커스
....
훌륭한 리더십이 있는 사람은 초보자의 실수를 나무라지 않고, 오히려 이 기회를 살려서 어떤 해결책이 있는지 묻는다. 자신이 곧바로 해결책을 알려주는 것보다 상대방에게 어떻게 하면 좋을지 생각해볼 기회를 주는 것이다. 상대방에게 맞춘 질문과 격려 방법을 알고 있다면 직장에서의 회의도 더욱 효율적이 될 것이다. 물론 말처럼 쉽지만은 않다.

✚ '왜 ○○지?'가 아닌 '무엇을 ○○지?'라고 물어본다?

　　　　최근엔 상사와 부하 직원 사이에서 작은 대화로 시작되어 폭력과 같은 사건으로 번지는 일이 많아지고 있다. 특히 '왜 ○○하지 않지?', '○○ 안 해?' 등, '왜' 형태의 질문이 상대방을 화나게 만드는 요인이 되고 있다.

　　그런 부분의 대책으로서 1대1로 대화하는 상황을 만드는 '1대1 미팅'이 인기다. 하지만 똑같이 1대1로 대화해도 이야기가 잘 되지 않는 경우도 많다. 특히 관리 지향이 강한 회사에서는 부하 직원의 상황을 이해하려고 하는 '경청'도 겉핥기식으로 끝나버리는 경우가 많다. 그 이유는 상사와 부하 사이의 거리감이 메워지지 않은 채로 '왜 못해?'가 대화의 기본이 됐기 때문이다.

이런 '왜'라고 하는 물음인 'WHY형 질문'에는 어딘가 상대방을 비난하고 싶은 기분이 숨겨져 있으며, 이것이 부하 직원에게도 전달된다.

그러므로, 먼저 '왜'를 갑자기 물어보는 것이 아니라, '무엇'을 할 수 있는지 'WHAT형 질문'으로 바꿀 필요가 있다. 이것이 1대1 미팅의 포인트이며, '무엇'을 하면 바뀔 것인가에 대한 '목적 지향'에 초점을 맞춘 질문을 우선시하는 것이다.

✚ 'WHY형 질문'보다 'WHAT형 질문'으로

'WHY형 질문'이 문제가 되는 또 한 가지 이유가 있다. 그것은 부정적인 '원인 지향'에 빠지게 되기 때문이다. '왜'라고 하는 단어를 사용하는 경우, 어떻게 말하더라도 과거에 나빴던 행동이나 결점을 찾게 된다. 원인을 물어보는 것 자체는 필요한 일이더라도 결과적으로는 처음의 한마디가 상대방에게 경계심을 갖게 만든다.

물론 서로 신뢰 관계가 강한 경우라면 문제는 생기지 않는다. 하지만 그렇지 못한 경우가 많기 때문에 문제가 생긴다. 예를 들어 회사의 회의에 지각한 신입 사원에게 '왜 10분이나 늦었어?'라고 주의를 주는 경우는 어떨까? 이런 경우 상대방은 상황에 대해 책임을 추궁당하고 싶지 않기 때문에 변명을 하거나 거 짓말을 하기도 한다. 이런 'WHY형 질문'은 관계를 악화시키고, 상대방이 해결해야만 하는 행동의 변화를 가져올 수 없게 된다.

✤ 아들러의 '격려'와 '공동체 의식'이 의미하는 것

사람은 자신이 사물을 있는 그대로 보고, 의견 또한 일관되며 객관적이라고 생각하기 쉽다. 특히 자존심이 쎈 사람 들은 자신이 타인에게 영향을 받았다고 생각하고 싶어하지 않 는다.

이를 심리학적으로 설명하자면 자신을 지키기 위한 '방어 기 제'와 자신에게 얽매이는 '자기 일관성' 등의 개념이 있다. 하지 만 여기서는 아들러가 말하는 **격려**라고 하는 관점에서 살펴보 겠다. 이것은 '격려'가 핵심이 되는 이론으로서 그림 5-4-①에 포인트를 요약해 두었다. 인간 관계의 관점에서 보자면, 질문과 대답은 그냥 '주고 받는 대화'가 아니라 서로 원하는 '관계성'을 전제로 한 대화여야 한다.

예를 들어 자신이 지도하고 있는 상대방을 바꾸고 싶어하는

격려(encouragement)

'격려'라고 하는 아들러의 말은 타인과 자신을 응원하여, 잘 살아보자고 하는 행 동을 촉구하는 것을 말한다. 그 반대는 '낙담'이며, 자존심과 자립심을 잃게 되어 의존하게 되고, 공포를 갖게 되는 것이다.

그림 5-4-①

아들러의 격려에 대한 3가지 포인트

● '용기'란 자신과 타인의 행복을 위해 곤란 극복을 목적으로 하는 힘과 의식이며, 타인과 협력하여 목적을 이룰 수 있는 능력을 의미한다

● '격려'란 '칭찬'보다도 상대방의 자립과 자신감을 높여주며, '공동체 의식'을 강화한다

● 용기를 잃게 하는 방향의 지도와 작용을 의미하는 '낙담'이 되지 않도록 주의한다

상사는 어디까지나 자신이 옳다는 전제를 두고 이야기하려고 한다. 그래서는 어떤 말을 하더라도 부하 직원 입장에서는 자신을 이해해주고 있다는 느낌을 받지 못한다. 그렇게 되면 솔직하게 이유 등을 말할 기분도 들지 않는다.

이것에 대해 아들러는 말하는 사람이 상대방에게 신뢰받지 못하는 것이 근본적인 문제라고 이야기했다.

'격려'의 반대는 '낙담'인데, WHY형 질문은 상대방의 의욕을 떨어뜨리는 '낙담'이 된다. 여기서 중요한 것은 아들러의 '격려'의 토대가 되는 '공동체 의식'이다. 이것은 동료와의 유대감을 포함한 인간에 대한 신뢰성을 나타내는 것이다.

그림 5-4-②

'격려'에 의한 대화와 회의의 실천 포인트

● 목적 지향의 원칙
⇒ 'WHY'가 아니라 'WHAT'으로 말한다

[예] '왜 안 했어?'보다 '뭐를 하면 될까?'라고 목적 지향으로 묻는다

● 질문의 원칙
⇒ '의견'이 아니라 '질문'으로 말한다

[예] '그렇게 해야 돼'보다 '그렇게 하면 어떨까?'라고 하는 질문 형식으로 바꾼다

● 긍정의 원칙
⇒ '…그래서 할 수 없다'가 아니라 '…라면 할 수 있다'로 말한다

[예] 가능하다는 것에 초점을 맞추어 '○○라면 할 수 있다'라고 한 걸음 나아간 시점으로 본다

당연하지만 조직 안에서 성과를 추구하고 경쟁을 중시한다면, 동료 의식은 약해지기 때문에 공동체 의식을 키우기가 어렵다. 그런 의미에서 공동체 의식은 각 개인의 다양성과 개성을 존중하는 '대등한 관계성'과 관련이 있다. 즉, 물어보기 전에 먼저 상대방과 자신이 대등한 관계에 있는지를 생각해야 한다.

만약 그렇다면 '격려'에 의한 대화와 회의의 방법을 5-4-② 처럼 요약할 수 있다. 특히 개별적으로 상사와 부하 직원과의 회의로서 '1대1 미팅'을 실천하는 경우는 '의견이 아니라 질문'으로 말하는 질문 원칙을 의식하여 이야기하는 것이 포인트다.

지금 사람들은 코로나의 영향으로 심한 고립감에 쌓여 있고,

회의의 효율화가 시급한 상황이다. 그렇기 때문에 더욱 어쩔 수 없는 부분에 초점을 맞추기보다는 '가능한 부분'을 위해 노력하는 '긍정의 원칙'이 필요하다. 이것은 서양인에 비해서 부정적인 면을 지나치게 과대시하는 경향과도 관련이 있는 부분이다. 그렇기 때문에 더욱 개인의 '자존감'을 존중하는 격려의 대화가 필요하다고 할 수 있다.

05

혼내지 못하는 상사와 적반하장인 부하 직원의 공통적인 심리는?

자기다움에 대한 추구와 자존심의 감소화

심리학 포커스

누군가에게 혼이 나게 되면 상처 받았다는 기분이 들어서 상대방에게 곧바로 적의를 품게 되는 사람이 늘어나고 있다. 부하를 혼내는 방법이 잘못된 상사의 문제도 있지만, 어째서 '자신이 상처 받는 것'을 이렇게나 무서워하는 것일까? 여기서는 혼을 내는 방법의 문제점을 정리하고, 상대방의 성장을 도와주는 혼내는 방법에 대해서 알아본다.

✚ 혼이 나면 상처 받았다는 기분은 어디서 오는 것일까?

어째서 혼이 난 사람은 혼을 낸 사람이 자신의 '결점을 고쳐주기 위해서' 한 행동이라고 생각하지 못하고, 적의를 갖게 되는 것일까? 여기에는 '혼이 난다=자기 부정'이라고 하는 고정 관념, 바꿔 말하면 인식이 어그러진 '인과 스키마'가 있다고 가정할 수 있다. 그 때문에 상대방이 자신을 위해 혼을 냈다는 느낌이 들지 않는 것이다. 이것은 '현재의 자신을 바꿀 필요가 없다'고 하는 생각이 깔려있기 때문이다.

한편, 경쟁사회 속에서 자존감과 자기 효능감이 낮은 경우, '다른 사람과 비교되고 싶지 않다'는 기분도 함께 존재한다. 즉,

타인과 우열을 비교할 수 없는 개성을 선택하고 싶어하는 것이다. 지금처럼 개성을 존중하는 사회 흐름 속에서는 모든 사람에게 '자기다움'을 추구하라고 하고 있지만, 이것은 지금의 자신을 고정화하라는 것이 아니다. 그 이면에는 '변화를 두려워하는 자신'이 있다.

그렇다면 우리는 어째서 변화를 두려워하고 주저할까?

한 가지 원인으로는 혼이 나본 경험이 사회 생활 전체에서 급격하게 줄었다는 점이다. 부모와의 관계는 마치 친구 관계처럼 되어버렸고, 혼이 나본 경험이 없는 아이도 늘어났다. 그 결과 성인이 되어 직장에서 처음으로 다른 사람에게 혼이 나는 경험을 하게 되면서, 과민하게 반응하게 된 것이다.

두 번째 원인은 사회가 고도로 전문화되고 다양화된 속에서 서로가 표면적으로 밖에는 알지 못하는 약한 인간 관계를 맺고 있다는 점이다. 밤을 지새우며 속내를 이야기하는 경우도 거의 사라진 시대이다. 그러면서 상대방에 대해 과한 반응으로 다른 사람이 자신을 어떻게 생각하고 있는지, 이런 말을 하면 싫어하는게 아닐지 항상 생각하게 되는 것이다.

✚ 상대방을 지적하기 전에 해야할 것

한편, 혼을 내는 입장에서는 '상대방을 위해서'라는

이유를 붙이고, 여러 가지를 지적하고 싶어한다. 이렇게 하는 것이 상대방을 발전시킨다고 생각하기 때문이지만, 듣는 입장에서는 그렇게 받아들이기 힘들다. 이 심리적인 차이가 분노와 불안을 만들어내는 원흉이 된다.

여기서는 먼저 상대방을 지적하기에 앞서, 상대방의 '무엇'에 대해 평가를 할지 잘 생각할 필요가 있다. 그 원칙은 다음과 같다.

'그 사람이 한 행동(사실)과 그 사람의 인격을 분리한다'

즉, 어떠한 실패를 했던지 간에, 그것은 그 실패를 한 행동 그 자체가 문제이며, 인격으로서의 '사람'이 문제가 아니라는 생각을 명확히 해야 한다. 이렇게 행동과 인격을 분리해야 하는 이유는 실패와 성공이란 단순히 개인의 행동만으로 결정 나지 않기 때문이다. 이 합의가 없는 경우, 부하 직원은 '사실과 인격이 일치'가 되어 자신을 부정하는 듯이 받아들이게 되어 상사의 지적에 '낙담'하게 된다.

사회심리학의 관정에서는 자신의 이익을 위한 것이 아닌, 다른 사람과 사회에 대한 공헌과 노력, 배려, 친절 등을 '향사회성'이라고 부른다. 아들러는 이것과 더불어 동료, 소속 집단과의

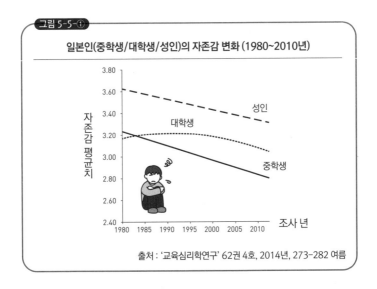

출처 : '교육심리학연구' 62권 4호, 2014년, 273-282 여름

유대감에 해당하는 '공동체 의식'이 필요하다고 지적했다. 이런 향사회성과 공동체 의식을 막는 심리에는 '자존감'의 저하가 있다.

그림 5-5-①은 과거 30년간에 걸친 '자존감'의 변화를 조사한 것이다. 특히 일본은 80년대부터 자존감의 감소 경향이 계속되어, 선진국 중에서도 가장 낮은 순위이다(자세한 내용은 프롤로그 참조).

이처럼 자존감이 낮을 때 타인으로부터 질책을 받으면 어떻게 될까? 이러한 경우에는 더욱 자존감이 낮아지게 되고, 자신을 더욱 나은 방향으로 만들기보다는 좌절하거나 상대방을 미

그림 5-5-②

'혼을 냄'으로서 상대방을 성장시키는 실천 포인트

● 혼을 내는 목적을 상대방의 성장에 맞춘다
● 인격과 성격을 탓하는 것이 아니라 당사자의 행동 중 어떤 부분을 고치면 좋은지를 말한다

어떻게 표현해야 할까?

만약 화가 나는 감정이 들 때는 이후에 '격려'로 보완한다 → 상대방의 행동에 대해 '○○를 고치면 기쁠 것 같아'라고 자신을 주어로 한 'I 메시지'로 말한다

위하게 된다.

원래 성인이 되면 적당한 자존감을 갖게 되는 것이 옳지만, 이것이 지나치면 어긋난 형태가 되어버린다.

✦ 혼을 내는 목적을 상대방의 성장을 위한 것으로 만드는 법

혼을 내는 것은 에너지와 용기가 필요한 일이다. 일반적으로는 혼을 내기보다 칭찬하기가 편하다. 하지만 혼을 내야 할 필요가 있는 상황은 누구에게나 있다. 그럴 때는 화가 나는 감정을 컨트롤하는 '분노 조절 관리법'도 도움이 되지만, 더욱 본질적인 것이 있다.

그것은 무엇을 위해 혼을 내는지에 대한 '목적'이다.

아들러는 행동의 이면에 있는 의도와 목적을 '목적 지향'이라고 부르며 중요시했다.

혼을 내는 것을 '상대방의 성장을 위해'라고 간결하게 이야기했지만, 그것을 위해 무엇을 하면 좋을지가 중요하다.

그림 5-5-②에서 요약했듯이 포인트는 두 가지가 있다.

먼저, 사실을 가리켜 구체적인 '○○ 행위'에 초점을 맞추는 것이다. 지각을 한 부하가 있다면 시간을 지킬 수 있도록 노력해주길 바란다는 부분에 주목해야 한다.

두 번째는 주어를 자신으로 하는 'I 메시지'로, '나는 ○○해주었으면 좋겠다'는 형식으로 전달하는 것이다. 예를 들어 지각의 경우라면, '자네는 어째서 늦으면서 연락도 안하는 건가?'라고 말하는 대신에 '나는 자네가 회의 10분 전에 와주면 좋을 것 같아'라는 식이다.

다만, 주의해야 할 것은 여기에 화가 나는 감정이 들어가 있는 경우가 많다는 점이다. 이것은 생리적인 것이기 때문에 숨기

키워드 심리학 | **I 메시지(I message)**

카운슬링의 방법으로서 사용되며, '나'를 주어로 하여 솔직한 감정과 기분을 상대에게 전달하는 메시지를 말한다. 이것과 반대로 'YOU 메시지'는 상대방을 주어로 하는 것으로 상대방에 대한 요청과 지시를 이야기한다. 이외에도 서로의 공감을 유도하는 'WE 메시지'가 있다.

기 힘들다. 그런 부분에서 자기 혐오를 느끼는 사람조차 있지만, 그럴 때는 혼을 낸 후에 상대방에게 부드러운 말로 '격려'를 하여 이 점을 보완하면 좋다.

앞서 설명했듯이 조직 내에서 일어나는 괴롭힘의 문제는 외부에서 잘 보이지 않는다. 특히 해당 집단 내에서 '서로 잘 지내야 한다'고 하는 도덕론을 가진 경우에는 더욱 문제가 된다. 그러한 사고방식에 어떠한 함정이 있을까?

??? 해답 예시

집단에서 같이 일을 하다 보면 서로의 가치관과 의견의 대립이 있는 것이 당연하다. 하지만 인간 관계에 대한 도덕론을 가진 조직에서는 서로의 감정을 상하지 않도록 하기 위해 본심을 숨기고, 의견의 대립을 과도하게 피하려는 경향이 있다. 그렇게 하는 편이 '사이가 좋은' 것처럼 보이기 때문이다. 여기에는 서로의 유대감을 강화시키는 '집단 응축성'이 작용하며, 불편하지 않은 정보만을 모으는 '확정 바이어스'마저 강해지는 함정이 있다.

CHAPTER **6**

집단과 조직에서
활용하는
'조직심리학'

01
진심을 지향하는 차세대 리더십

> **심리학 포커스**
> ···
> 좋은 리더라고 한다면, 인격자와 같은 특별한 사람을 떠올리게 된다. 그런 중에 모든
> 사람이 자기다운 개성을 살리고 리더가 될 수 있는 '어센틱 리더십'이 주목받고 있다.
> 이것은 조직에 맞춘 팀 형태의 리더십이며 모두가 리더 역할을 하는 방법이다.

✚ 리더십의 분류법과 그 능력은 무엇인가?

리더십은 비즈니스 관련 도서에서도 각양각색으로 나타난다. 하지만 거기에서도 항상 공통으로 나타나는 조직 멤버들에 대한 역학 관계가 있다. 예를 들어 미스미 쥬지는 집단 역학(그룹 다이나믹스)을 응용하여 그림 6-1-①과 같은 'PM 이론'을 만들었다. 이 이론은 리더십의 구성 요소를 퍼포먼스(performance, 성과)와 메인터넌스(maintenance, 배려)라고 하는 두 가지로 나눈 것이 특징이다. 즉, 성과 달성을 목적으로 하는 퍼포먼스 타입과 사람을 우선으로 하는 이해심이 있는 메인터넌스 타입이다.

> **그림 6-1-①**
>
> ## 미스미 쥬지의 리더십 (PM이론)
>
> 기업의 리더십에는 2가지 구성요소가 있다
> **P기능(퍼포먼스)**
>
> 'P형 리더십'　　　　　　'PM형 리더십'
>
> 높다
>
> 낮다　　　　　　　　　　　　　　　　높다　M기능(메인터넌스)
> 'pm형 리더십'　　　'M형 리더십' (영업 실적)
>
> 낮다

90년대 이후에는 '**변혁형 리더십**'이나 '**서번트형 리더십**'이 생겨
났다.

또, 조직의 타입과 상황에 따라 추구하는 리더십도 다르다. 이
에 따라 '컨틴전시 리더십(contingency leadership)'이라는 것도
주목받았다. 하지만 '상황'이라고 하는 말은 아주 다면적인 것

변혁형 리더십 (transformational leadership)

　　변혁형 리더란 '변혁 자체'를 가장 중요시하는 것이며, 다양성과 환경의 변화가
심해진 시대에 맞춰진 리더이다. 지금까지의 인격 특성, 즉 용기, 신념, 설득 등의 특징을 갖
춘 고정적인 리더의 한계를 의식한 것이라고 할 수 있다.

서번트형 리더십 (servant leadership)

리더가 팀원을 지원, 육성하여 성장과 성과 달성을 도와주는 역할을 하는 것을 중요시하는
이론이다. 이를 위해 자기가 끌어가기보다 서포트 역할에 철저하게 임할 것을 강조한다.

으로, 개념 설명만으로는 불충분하다. 여기서는 비즈니스심리학의 입장, 특히 '목적 지향'의 관점에서 최신 리더십 이론을 살펴보도록 하겠다.

✚ 리더십의 분류법과 그 능력은 무엇인가?

리더의 말에는 '진심'의 무게가 다르다. 이 '진심'이라고 하는 것은 자신에게 거짓말을 하지 않는 것이며, 심리학으로 말하자면 **'자기 일관성'**이라는 것이다.

예를 들어 호시노 리조트의 사장인 호시노 요시하루는 30대 정도에 호텔 사업을 이어 받게 되면서 MBA식의 상하적인 리더십으로 큰 실패를 하게 된다. 유서 깊은 기업이었기 때문에 오랜 경영방식이 문화로서 자리잡고 있던 중에, 서구식 경영 방식이 커다란 '모순'이 됐던 것이다. 여기서 그는 스스로 생각과 태도를 근본적으로 바꾸게 됐다. 자신의 사무실과 책상도 만들지 않고, 진심을 다해 현장에서 사원들의 고민이 무엇인지를 묻고, 대등한 입장에서 자기가 맡아야 하는 일들을 명확하게 하며 해

키워드 심리학

자기 일관성(self-consistent)

자기 일관성은 '자기다움'이라고 하는 감각이 항상 존재하는 상태이다. 이것은 승진하여 과장이 되어도 그 역할에 스며들지 못하는 등의 문제와도 관계가 있다. 또, '자기 신뢰성'과 '자기 성실성'과도 관련이 있으며, 자기 동일성(아이덴티티)의 형성에도 영향을 미친다.

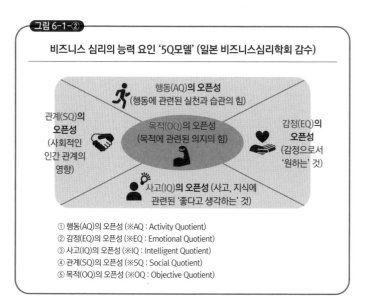

그림 6-1-②

비즈니스 심리의 능력 요인 '5Q모델' (일본 비즈니스심리학회 감수)

행동(AQ)의 오픈성
(행동에 관련된 실천과 습관의 힘)

관계(SQ)의
오픈성
(사회적인
인간 관계의
영향)

목적(OQ)의 오픈성
(목적에 관련된 의지의 힘)

감정(EQ)의
오픈성
(감정으로서
'원하는' 것)

사고(IQ)의 오픈성 (사고, 지식에
관련된 '좋다고 생각하는' 것)

① 행동(AQ)의 오픈성 (※AQ : Activity Quotient)
② 감정(EQ)의 오픈성 (※EQ : Emotional Quotient)
③ 사고(IQ)의 오픈성 (※IQ : Intelligent Quotient)
④ 관계(SQ)의 오픈성 (※SQ : Social Quotient)
⑤ 목적(OQ)의 오픈성 (※OQ : Objective Quotient)

결책을 찾았다. 이는 자신의 약점을 인정하고, 다른 사람을 신뢰하기 때문에 할 수 있는 행동이었다.

이런 '진심'을 이론화한 것이 '어센틱 리더십 이론'으로, 2010년경부터 주목받게 된다. 이 이론의 키워드는 조직의 모순에 맞서기 위한 '오픈성'이다. 이것을 그림 6-1-②와 같은 '5Q'(일본 비즈니스 심리학회 감수)의 이론 모델로 응용했다.

여기서 포인트는 리더의 언행이 일치해야 하며, 행동의 기반이 되는 말을 모두가 알아 들을 수 있도록 공통된 언어로 하는 것이다.

지금은 급여보다 자기다움과 개성을 살리는 일이 중요시되고 있다. 따라서 여기에 맞는 진정한 리더십이 필요한 때이다.

02
목표 관리가 힘든 회사일수록
각 목표의 관련성이 떨어진다

목표 구조　이념

심리학 포커스

애플과 같은 회사가 강한 이유는 상품만이 아니라 이념이 제대로 갖추어져 있다는 점이다. 이것은 경영진의 가치관과도 크게 관련이 있다. '이념 경영'이라고도 할 수 있는 목적 지향의 전략이 추구되고 있다고도 할 수 있는 것이다. 이념과 목표를 연결 지을 수 있다면 직원들도 일관성 있게 행동할 것이다. 여기서는 이념과 목표를 연결하는 방법과 목표의 구조화에 관해 설명한다.

✚ 이념 경영을 실천하기 위한 '목적'과 '목표'

이념과 비전이라는 말은 최근에 많이 사용된다.

예를 들어 '고객 제일을 모토로 한다'와 같은 이념을 들고 있는 회사가 많이 있다. 이 이념은 미션과 비전, 가치를 포함한 '지향점'이자 '목적'의 커다란 묶음 같은 것이다.

이것은 그림 6-2-① **'목표 구조'**의 그림으로 정리할 수 있는데, 이념은 미션과 비전, 가치를 포함하는 전체적인 것이다. 이

키워드 심리학

목표 구조

목표에는 단계와 구조가 있다는 것을 나타낸다. 달성해야 할 목표는 영어의 goal 이지만, 행동으로서 구체적인 목표는 object이다. 여기서는 목표를 object로 다룬다. 보다 일반적이며 근본에 있는 목표가 '목적'이지만 이것은 영어에서의 end로 봐도 좋다.

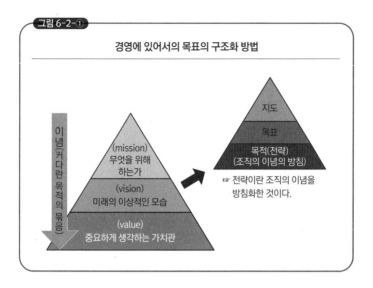

그림 6-2-①

경영에 있어서의 목표의 구조화 방법

지도

목표

목적(전략)
(조직의 이념의 방침)

☞ 전략이란 조직의 이념을
방침화한 것이다.

(mission)
무엇을 위해
하는가

(vision)
미래의 이상적인 모습

(value)
중요하게 생각하는 가치관

이념(커다란 목적의 묶음)

렇게 하는 이유는 경영 이념을 일관한 전략의 기반으로 만들 수 있기 때문이다. 그림의 오른쪽 위에 있는 삼각형에 나타나 있듯이 이념을 토대로 하여 전략이 결정된다. 이 전략은 목적에 해당하며, 이것을 구체적으로 한 것이 목표가 된다. 그리고 '목표'는 목적의 하위 개념이며 목적을 현실의 상황에서 실천하기 위해 한정 짓는 것이다.

예를 들어 '고객 제일을 모토로 한다'는 이념이자 동시에 목적이다. 이 목적에 맞춰서 '고객 만족도를 80%까지 올린다'고 한다면 목표가 된다. 또 이를 위해 '고객 방문을 1일 3회'로 한다고 한다면 지표가 된다.

이처럼 목적, 목표, 지표의 관계는 삼각형의 구조로 되어 있다.

✤ 목표를 세 가지로 나누어 관리한다

그림 6-2-②처럼 목표를 다시 세 가지로 구별해 두면 '목표 관리'가 쉬워진다. 여기서 구체적인 목표 설정으로서 '무엇'을 '성과 목표', '어떻게'의 도중 단계 목표를 '프로세스 목표'로 놓는다. 다시 말하면, 행동의 기준이 되는 것이 '프로세스 목표'이며, 최종적인 성과가 되는 것이 '성과 목표'라고 정의할 수 있다. 방향 목표는 '무엇을 위해'라고 하는 목적에 해당하지만 어디까지 해야 할지는 정할 수 없다.

예를 들어 회계사 자격 시험 공부를 '무엇을 위해 해야 하는지'와 같은 큰 방향을 가진 목표가 '방향 목표'이다. 부자가 되기 위해서인가, 독립하여 전문가가 되기 위한 것인가와 같은 방향성을 정하는 것이다. 그리고 합격 달성에 필요한 매일의 과정 목표는 '매일 5페이지씩 교과서를 읽는다'와 같다. 이것을 통해 합격의 도착점이 되는 '성과 목표'를 향해 어느 정도 노력하면 되는지 알 수 있다.

이런 관계를 정리하면, '성과'는 그림 6-2-②처럼 다음 세 가지 목표를 곱한 형태로 나타낼 수 있다.

'성공 = 성과 목표×방향 목표×프로세스 목표'로서 세 가지

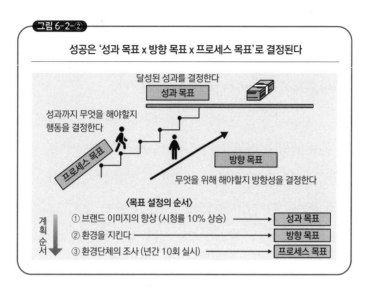

그림 6-2-②

성공은 '성과 목표 x 방향 목표 x 프로세스 목표'로 결정된다

달성된 성과를 결정한다

성과 목표

성과까지 무엇을 해야할지
행동을 결정한다

프로세스 목표

방향 목표

무엇을 위해 해야할지 방향성을 결정한다

〈목표 설정의 순서〉

계획순서

① 브랜드 이미지의 향상 (시청률 10% 상승) → 성과 목표

② 환경을 지킨다 → 방향 목표

③ 환경단체의 조사 (년간 10회 실시) → 프로세스 목표

목표는 상호 간에 연관되어 있으며, 이 중의 무엇 하나가 빠져도 성공할 수 없다. 방향 설정이 틀리면 성과도, 그 도중의 과정도 어긋나게 된다.

이처럼 먼저 목표를 '보이도록 설정'하고, '성과 목표', '방향 목표', '프로세스 목표' 세 가지를 구별하도록 해야 한다. 그렇게 하면 이 세 가지 중에 어떤 것에 문제가 있는지를 잘 알 수 있다. 즉, 실패를 교훈으로 삼을 수 있게 된다.

이 방법은 조직만이 아니라 개인의 삶에도 응용할 수 있기 때문에 꼭 실천해 보길 바란다.

03

무엇이든 서로 이야기하여 개선하는 회사를 만든다

심리적 안전성

심리학 포커스

'회사의 각 멤버가 더욱 함께 협력한다면 좋을 텐데'라고 생각하는 경우가 많을 것이다. 하지만 함께 협력하기 위해서는 회사에 말하고 싶은 것을 솔직하게 말할 수 있는 상황이 전제가 되어야 하는데, 이러한 '심리적 안전성'을 어떻게 만들수 있는지 살펴보자.

✚ 구글은 왜 '심리적 안전성'을 중요하게 생각할까?

미국 구글의 실험 프로젝트 성공으로 화제가 된 것이 회사 안에서 변혁과 개선의 제안을 안심하고 할 수 있는 자리로 만들고자 하는 '**심리적 안전성**'에 대한 부분이다. 이것은 어떤 것을 이야기하더라도 자기다움을 부정하지 않고, 다른 사람과의 다른 의견과 행동이 존중 받는 장소라는 것이 조건이 된다.

이러한 심리적 안전성과 성실함을 추구하기 위해서 최근 다

키워드 심리학

심리적 안전성(psychological safety)

'심리적 안전성'은 하버드 대학의 E. 에드먼슨이 주장한 것이다. 미국 구글이 팀 생산성 향상을 위해 도입한 개념으로, '프로젝트 아리스토텔레스'라고 하는 실증 실험으로 유명해졌다.

른 기업에서도 도입하고 있는 것이 '작은 소리 토크 코너'라고 하는 카드박스의 사례이다. 이 시스템에서는 회사에 불만이나 문제가 있는 사람이라면 누구나 건의할 수 있도록 해놓았다. 자신이 겪은 애로사항을 적음으로써 자신의 문제적인 부분을 다른 사람과도 공유하게 된다. 이 행동은 단순히 여기서 끝나는 것이 아니며, 문제적인 부분을 공유했다는 점이 중요하다. 이렇게 공유된 문제를 본 다른 사람들이 이것을 함께 해결할 수 있는 아이디어를 내도록 한다. 문제를 적을 때도 안심할 수 있는 것을 우선으로 하기 위해 익명으로 하고, 해당 문제에 번호를 매겨 코멘트하는 식으로 실제적으로 문제를 대한다.

✚ 회의에서 '비판적인 의견을 말할 수 없도록' 하고 있지는 않은가?

원래부터 구글이 '심리적 안전성'을 문제로 삼았던 것은 대기업병에 걸린 조직을 활성화하여 기업내 혁신을 추구하기 위해서였다. 이것을 위해 현장의 발언을 솔직하게 받아들일 수 있는 조직문화를 만드는 것이 중요했다고 할 수 있다. 여기서 문제가 된 것은 '권위'와 '전문성'이라고 하는 기존의 가치관을 부정하는 행동이었다. 이 점에 대해 구글이 검증한 결과에서 알 수 있었던 것은 상대방이 어떤 분야의 전문가인지에 상관없이, 내용 그 자체의 상호 비판이 가능해야 한다는 점이었다.

미국에서는 전문가의 전문성을 지나치게 존중하여 비판하지 않는 것이 심리적 안전성의 문제가 되고 있다. 이에 반해 일본에서는 전문가의 전문성은 따지지 않고, 나이와 경험이 중심이 된다. 즉, 미국과 비교했을 때 일본에서는 일반인도 전문가와 의견 차이를 '논의'할 수 있다. 이러한 차이를 무시하고, 동일한 방법으로 일본에서도 '심리적 안전성'이 중요하다고 주장하는 것은 문제를 개선하기는커녕 반대로 자기 방어가 될지도 모른다.

또, 자주 발생하는 문제점으로는 회의나 연구회 등에서 리더가 먼저 심리적 안전성을 중시한다는 명목으로 '추상적인 것은 말하지 말자', '비판적인 의견을 말하지 말자'와 같은 '○○ 하지 말자'와 같은 말을 하는 것이다. 이런 부정적 표현이 역효과를 일으킴에도 불구하고 당사자는 그것을 이해하지 못한다. 만약 같은 이야기를 한다면 '○○ 하지 말자'가 아니라 '○○ 하자'와 같은 긍정적인 표현이 중요하며, 먼저 리더 스스로 자신에 대한 비판도 받아들일 수 있는 자세를 갖추어야 한다.

앞에서 이야기한 바와 같이 심리적 안전성을 받아들이는 경우의 문제점과 문화의 차이에 따른 해결법을 그림 6-3과 같이 미국과 일본을 비교하여 정리했다.

그림에서 ①과 ②의 두 가지 방법이 유효하려면 이를 기업 문

그림 6-3

조직에 심리적 안전성을 도입하기

조직에 심리적 안전성을 도입하기 위해서는?

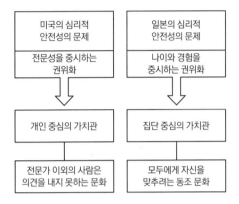

미국의 심리적 안전성의 문제	일본의 심리적 안전성의 문제
전문성을 중시하는 권위화	나이와 경험을 중시하는 권위화

개인 중심의 가치관	집단 중심의 가치관

| 전문가 이외의 사람은 의견을 내지 못하는 문화 | 모두에게 자신을 맞추려는 동조 문화 |

① **전문가의 말로 결정되지 않도록 행동을 제약하는 시스템을 만든다**
예) 회의에서 전문가 이외의 사람들도 말하기 편하도록 전문가가 뒤에 발언하게 하는 규칙을 만든다

② **실패와 불만, 문제점 등의 정보도 숨기지 않고 공개한다**
예) '작은 소리 BOX'를 설치하여 조직 내에서의 실패 등과 같은 문제점을 공개하여 신뢰도를 높인다

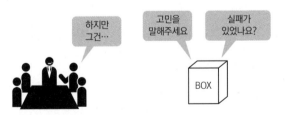

하지만 그건…

고민을 말해주세요

실패가 있었나요?

BOX

화와 풍토에 어떻게 적용하는지가 중요하다. 분명 심리적 안전
성은 스트레스가 많은 현대 사회에서는 반드시 필요한 것이다.
하지만 이것을 실현하는 방법은 한 가지가 아니라 각각 개성적
이라는 점을 알아야 한다.

04
일을 통해 진정한 보람을 찾으려면

심리학 포커스

일에 충실하며 삶의 보람을 느낀 적이 있는가? 그렇다고 말할 수 있는 사람은 적을 것이다. 그 원인으로서는 자신의 장점을 제대로 이해하고 있는지, 무엇에 만족을 하는지, 이 두 가지 이해가 부족하다는 점을 들 수 있다. 일을 통해서 더 보람을 느끼는 인생을 살리려면 어떻게 해야 할까? 이런 질문에서 시작해보자.

✦ '유능한 사람'이 되어도 삶의 보람이 생기지 않는다

80년대부터 개인의 '컴피턴스(competence)'라고 하는 것이 인사과에서 사용됐다. 이것은 실제의 일 속에서 어떤 '성과(performance)'를 달성할 수 있는가를 말하는 '실력'에 해당한다. 이를 위해서 실제로 기업에서 성과가 높은 사람들의 행동을 조사하여, 그 행동에 맞는 진단표로 측정을 실시했다.

컴피턴스 이론에 의하면, '장점'이란 '유능한 것'과 같은 것이다. 일에 있어서 '유능함'은 중요한 것이지만, 안타깝게도 사람은 '일'만으로 만족할 수 없다. 이 '일'에는 당사자의 감정적인 요인이 들어가 있지 않기 때문이다. 2000년대 이후가 되면서 이런 '일'만을 추구하는 견해는 비판받게 됐다. 성과를 올리더라도 일의 보람을 느낄 수 없게 되는 문제가 생겼기 때문이다. 매슬로의 **'자기 실현 욕구'** 이론도 그중 한 가지이다. 또, UN에서 매년 세계 행복도를 조사한 'World Happiness Report 2022'에서 일본의 행복도는 150개 국가 중 54위로 나타났다. 이는 일에 대한 보람 또한 포함된 조사로, 일본의 순위가 낮은 결과는 이 문제의 심각성을 나타내고 있다.

✚ 어째서 불만을 해소해도 진정한 만족을 얻지 못할까?

당신이 일하고 있는 회사에 기대하는 바는 무엇인가? 이러한 기대와 만족이라고 하는 심리를 물어봤을 때 바로 대답할 수 있는 사람은 많지 않다. 그 이유는 다음과 같은 두 가지 만족 레벨로 나눌 필요가 있기 때문이다.

① 고민, 결핍감의 해소(위생 요인) → 복리후생적인 제도와 규칙의 개선

키워드 심리학

자기 실현 욕구(self-realization)

매슬로의 '욕구 단계설' 5번째에 있는 상위 욕구이다. 매슬로는 하위 단계가 충분히 충족되지 않으면 상위 단계의 욕구는 약해진다고 보았다. 즉, 자기 실현 욕구는 그 아래에 있는 다른 사람으로부터의 '승인 욕구'가 충족된 뒤에 생기는 것이다. 다만, 이 점에 대한 비판도 있어서 매슬로는 이후에 자신의 관점을 수정했다.

② 감동, 사회 공헌의 환기(동기 부여의 요인) → 새로운 가치와
공헌의 실현과 자기 실현

이 두 가지 만족 요인의 차이를 분명하게 정의한 것이 F. 허즈
버그로서 '동기 부여의 2요인 이론'으로 알려져 있다. 먼저 ①은 동
기 부여의 '위생 요인'이라고 불리며, 불만족을 해소하는 것이
다. 그림 6-4에 나와 있듯이, 사회의 관리와 노동 조건의 나쁜
환경을 없애는 것은 위생 요인에 해당한다.

②는 동기 부여의 '만족 요인'이라고 불리는데, 목표를 달성하
거나 상사에게 승인을 받는 등의 상황에서 얻는 만족감을 의미
한다.

동기 부여 요인은 일의 보람과 가치관에 연관되는 내용이다.
일 그 자체의 만족감이지만, 이것은 '자기 실현 욕구'와도 관련
이 있다. 하지만 위생 요인의 경우는 불만족 요인이며, 관리 조
건 등 생활상 필요하지만, 만약 충족되더라도 당연하다고 느끼
게 되는 것이다.

동기 부여의 2요인 이론(Herzberg's theory of motivation)
철학과 사회심리학을 전문으로 연구한 F. 허즈버그는 동기 부여의 요인에는 2가
지 서로 다른 타입이 있다고 했다. 첫 번째는 불만의 해소를 이야기하는 '위생 요인', 두 번
째는 일의 보람 등 만족을 높이는 '동기 부여 요인'이다. 이 구별은 작업 방식 개선에서도 중
요하다.

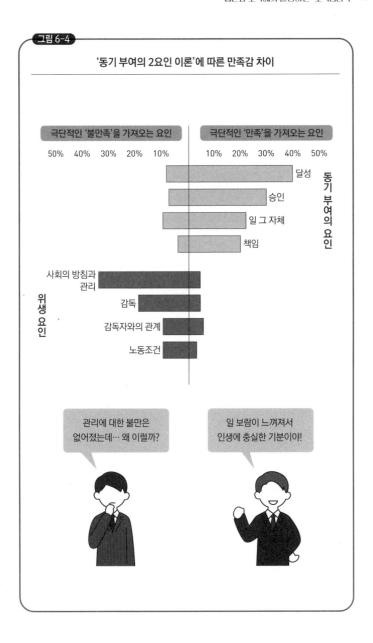

그림 6-4

'동기 부여의 2요인 이론'에 따른 만족감 차이

욕구 단계설을 주장한 매슬로는 자기 실현 욕구와 더불어 사회적인 가치의 실현 욕구가 생긴다고 설명했다. 이것은 '자신'에게 갇혀 있는 단계를 초월한 인간의 존재 의미가 될 수도 있다.

분명 현실에서는 불만의 해소도 필요하지만, 자신이 바라는 만족이 정말 무엇인지를 추구하는 자세가 진정한 삶의 의미와 자기 실현이 된다고 할 수 있을 것이다.

05

조직을 변혁하기 위한
해결 지향 방법

Gap형 해결 지향과 As-If형 해결 지향

심리학 포커스

조직을 개선해나감과 동시에 긍정심리학의 성과를 받아들이는 방법이 주목받고 있다. 이것은 기존의 개선을 축적하는 방식이 아니라, 꿈과 비전을 추구하는 혁신형이다. 목적 지향의 심리 치료와 비슷한 원리지만, 컨설턴트의 프로에게 요구되는 해결 기법으로서 주목되고 있다.

✚ 변혁을 목표로 하는 해결 지향의 시점

학교 시험 문제와 다르게 현실에서는 처음의 시점에서는 무엇이 문제인지 그 자체를 알 수 없는 경우가 대부분이다. 예를 들어 자신이 어떤 회사에 취직하면 좋을지 알지 못해 고민하게 된다. 이런 케이스는 다음 두 가지 타입의 해결 방법이 있다(그림 6-5-① 참조).

① Gap형 해결 지향 ⇒ 심리적으로는 '약점을 줄인다'
② As-If형 해결 지향 ⇒ 심리적으로는 '장점을 높인다'

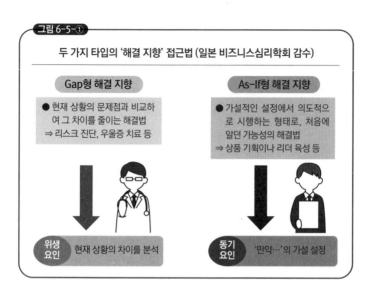

그림 6-5-①

두 가지 타입의 '해결 지향' 접근법 (일본 비즈니스심리학회 감수)

Gap형 해결 지향

● 현재 상황의 문제점과 비교하여 그 차이를 줄이는 해결법
⇒ 리스크 진단, 우울증 치료 등

위생요인 현재 상황의 차이를 분석

As-If형 해결 지향

● 가설적인 설정에서 의도적으로 시행하는 형태로, 처음에 알던 가능성의 해결법
⇒ 상품 기획이나 리더 육성 등

동기요인 '만약…'의 가설 설정

　Gap형 해결 지향의 전형적인 방법은 리스크 진단과 같이 잘못된 것을 해결하는 것이라고 할 수 있다. 그리고 As-If형 해결 지향의 대표적인 방법으로서 'AI코칭'이 있다. 이것은 D. 쿠퍼라이더와 D. 휘트니가 당초에는 조직 개선 방법으로 개발한 것이기 때문에 As-If형의 원리와 거의 같다고 할 수 있다.

　그림 6-5-②에 두 가지 해결법의 단계를 정리했다.

　As-If형 해결 지향에서는 행복 감정(웰빙)을 환기하면서 모두가 가능한 만큼 진심을 나누는 대화의 자리와 공동 프로젝트 등의 상황을 만드는 것이 포인트이다. 그렇게 함으로 인해 형식만을 바라보고 있었음을 모두가 깨닫게 되고, 정말로 무엇을 하고

그림 6-5-②

'Gap형 해결 지향'과 'As-If형 해결 지향'의 실천 단계

[예] 일반적인 컨설턴트

이 문제의 원인은 ○○이며, 그렇기 때문에 △△전략이 필요하다

'Gap형 해결 지향'의 단계

1 문제의 특정 　'이것은 무엇을 대상으로 한 어떠한 문제인가'
↓
2 원인의 분석 　'이것이 발생한 요인과 원인이 되는 것은 무엇인가'
↓
3 해결 방법의 선택 　'이것을 해결하는 방법과 전략에는 어떠한 것이 있는가'
↓
4 구체적 행동의 계획 　'이것을 실천으로 구체화하는 계획 만들기를 어떻게 하는가'

[예] 비즈니스심리의 컨설턴트

자신의 장점을 아는 것이 중요하다. 10년 후 어떻게 되고 싶은가

'As-If형 해결 지향'의 단계

1 장점, 가치관의 재해석과 발견 　'자신의 장점과 가치관은 무엇인가'
↓
2 바라는 모습과 가능성의 표현 　'사실은 어떤 일을 하고 싶은가'
↓
3 현실적인 계획 만들기를 공유 　'이것을 하기 위해서는 어떤 행동을 해야 할까'
↓
4 계획의 실천 　'이것을 구체화하기 위한 계획은 무엇인가'

싶은지가 대화의 중심이 되기 때문이다. 적어도 성공한 기업에 있어서는 그룹 단위에서 품질을 개선하는 QC(Quality Control) 운동 등과 겹치는 부분이 많을 것이다.

As-If형 해결 지향의 우수한 점은 상대방의 장점과 나의 장점을 합할 수 있다는 것이다. 그렇게 되면 자신의 능력에만 의존하는 것이 아니라 상대방의 힘을 사용하여 집단, 조직으로서의 힘도 발휘할 수 있다. 여기에는 일의 권한을 타인에게 이양하고 맡기는 것의 중요성도 관련되어 있다.

이상과 같이 두 가지 해결 지향의 방법이 서로 모순되지는 않지만, 가능성이 넓어진다는 점에서는 As-If가 좋다. 현실을 보는 방법을 바꾸기 위해서는 이상을 위해 노력하고, 상상하고, 시점을 바꿔보는 것이 중요하다. 우선 이런 해결 방법을 작은 공동 프로젝트나 회의 장소에서 시작해보자.

연습 문제

앞서 말한 것처럼 성과만으로는 일에 대한 보람과 연결되지 않는 경우가 많다는 것을 알았다. 만약, 당신과 함께 일하던 부하 직원이 갑자기 일을 그만두고 싶다고 말한다면, 어떻게 하면 좋을까?

지금까지 특별한 문제 없이 함께 일해왔는데, '왜일까?'라고 생각하면서 속내를 물어보니, '왠지 지금하고 있는 일이 제게 맞지 않는 것처럼 느껴져서…'라고 이야기한다. '왠지'에 시선을 맞추어 어떻게 대응해야 좋을지 다음 중에 선택하고, 그 이유도 생각해보자.

① 왜 그만두고 싶은지 진지하게 이유를 물어본다

② 누구라도 그만두고 싶을 때가 있다고,
　술이라도 한잔 하자고 한다

③ 다른 업무를 경험하게 해주고
　자신을 되돌아볼 기간을 준다

??? 해답 예시

정답은 ③이다. '왠지'라고 말하는 것은 자신의 생각에 확신이 없는 애매한 상태이기 때문이다. 그 시점에서 '왜 그만두는지'를 묻는 것은 부정적인 면에 대한 '선택적 주의'가 작용하여, 그만두는 이유만을 적극적으로 찾는 것이 된다. 이것이 ①이 부적절한 이유이다. ②의 방법도 술을 마시며 애매하게 넘어갈 뿐이지, 계속 다녀야 할 이유를 찾을 수 없다.

하지만 ③의 방법으로 다른 업무를 맡기게 되면 일단 지금까지의 경험을 되돌아보는 '통찰'이 작용하게 된다. 그리고 새로운 경험에 의해 다른 장점을 찾는 기회가 될 수도 있다.

CHAPTER **7**

문화, 환경의 영향을
현실에 반영하는
'문화심리학'

01
말싸움을 잘하고 싶다면
주의 깊게 보자

심리학 포커스

말싸움을 하다 보면 '말했다', '말하지 않았다'와 같은 무의미한 논쟁이 되기 쉽다. 이런 경우 어설프게 반론을 하면 지기 십상이다. 그럴 때는 약간만 더 고민하는 것만으로도 말싸움을 이길 수 있게 된다. 여기에는 기억과 지식이 어떻게 떠오르는지가 관계가 있다. 기억을 머리 창고에서 꺼내는 듯한 이미지로는 반론을 해도 이길 수 없기 때문이다

✛ '말하는 언어'는 다른 사람뿐 아니라 자신도 바꾼다

지금은 스마트폰이 없으면 생활 자체가 불가능할 정도로 정보화된 시대이다. TV드라마에서 수험 전쟁을 그려내어 화제가 된 미타 노리후사의 작품 '드래곤 사쿠라'(코우단샤)의 예로, 그 긍정적인 면을 생각해보자. 교사를 맡게 된 변호사 사쿠라기 선생은 수험생 앞에서 '바보와 못난이일수록 도쿄대에 가라'고 말한다. 그리고 '공부를 하는 데 중요한 것은 인풋(input)보다 아웃풋(output)이다'라고 단언한다. 그리고 유튜브나 트위터 등으로 학생 스스로 공부와 관련된 정보를 올리도록 시켰다. 그렇게 하면 자신이 모르는 부분을 깨닫게 되고, 새로

운 인풋에 대한 욕구가 생긴다고 설명한다.

이처럼 사쿠라기 선생은 스마트폰 이용을 추천하고 있지만, 이것은 아웃풋(표현)으로서의 학습 제안이다. 스마트폰 이용이 인풋(정보 습득)밖에 없다면 오히려 해롭다고도 말한다. 그런 방식이 아니라 아웃풋으로서 서로의 의견과 정보를 공유하는 도구로 사용하라는 것이다.

여기서 중요한 것은 지식은 다른 사람에게 아웃풋하고자 하는 욕구에 의지해야 살아있는 것이 된다는 점이다. 즉, '지식의 힘을 표출한다'는 사고방식이다.

✛ '상황'과 '말'이 지식과 기억을 재구성한다

이처럼 말로 이해한 바를 다른 사람에게 이야기하는 것은 플러스적인 면이 있는 한편, 마이너스적인 면도 있다. 지식과 기억을 떠올리려고 할 때, 큰 방해물이 되는 것이다. 사람의 기억과 지식은 머릿속에 있다고 생각하기 쉽지만, 오히려 '사회적으로 재구성되는 것'이다. 이것이 심리학에서만이 아니라 철학과 사회학에서도 주목하게 된 계기는 K. 거겐의 **'사회 구**

키워드 심리학 사회 구성주의(social constructionism)

K. 거겐의 '사회 구성주의'는 객관적인 표현이 개인의 주관에서 독립하여 존재한다는 견해를 부정한다. 그리고 개인이 하는 말이 현실을 만들어낸다고 보았다. 이 견해는 '내러티브 이론'과 중복되는 내용으로, 개인의 현실감은 말로서 구성된다고 보기 때문이다.

성주의' 이론이다.

어째서 기억과 지식이 머릿속에 있는 것이 아니라 사회적으로 재구성되는지에 대한 이유를 이해하는 포인트는 크게 두 가지가 있다.

① 지식은 사용하는 장소의 '상황'에 매몰되어 있다.

② 지식은 '누구에게 이야기하고 있는가'처럼, 발화하는 언어 표현에 의해 바뀐다.

그림 7-1와 같은 목격 증언의 상황을 생각해보자. 여기서는 수사관의 '발로 차서 넘어뜨린 것 아닌가요?'라는 질문에 '강한 힘으로 찼습니다'라고 대답하는 '상황'을 들고 있다. 단순하게 '찼나요?'라고 질문하게 되면, 목격자는 '강한 힘'을 떠올리지 않고 단순히 '찼다'고 대답하게 되는데, 이것은 앞의 대답보다 가벼운 느낌이 된다. 이처럼 말의 사소한 표현의 차이가 인상을 바꾸는 것, 즉 '선택적 확정'이라고 부르는 인식의 어긋남이 만들어지는 것이다.

특히 질문자 측이 권위나 전문성이 있는 사람인 경우는 대답자에 대한 영향력도 크게 된다. 즉, 상대방이 수사관이라고 하는 상황의 문제가 ①의 '상황에 매몰되어 있다'는 의미이며, ②

는 수사관 측이 발언하는 '차서 넘어뜨렸다'와 '찼다' 같은 표현의 차이에 의한 영향이라고 할 수 있다.

이러한 점에서 우리는 더욱 상대방과 자신이 말하는 말과 그 상황에 주의할 필요가 있다. 특히 말은 중립적이지 않으며, 사소한 표현 방법의 차이와 권위, 전문성과 같은 문화적인 것들에 영향을 받는다는 것은 '**내러티브 이론**'으로 이미 주목받고 있다.

내러티브 이론(narrative theory)

'사회 구성주의'를 계승한 이론이자, '현실'은 이야기와 문화에 의해 구성됐다고 보는 이론이다. 인지심리학의 시점에서 이것을 발전시킨 J. 브루너는 민화, 우화 등의 옛날 이야기를 연구했다. 그리고 이야기는 인생관도 바꿀 수 있는 힘이 있으며, 문화적으로 구성됐다고 주장했다.

그렇기 때문에 말을 직업으로 하는 사람이라면 특히 주의해야
한다.

이처럼 우리의 말은 오해로 가득 차 있기 때문에 '상황에 매
몰되어 있다'는 점을 이해한다면 더욱 서로를 이해할 수 있는
관계가 될 것이다.

02
용기와 도전 정신은
성격에 따른 것일까?

애착 도덕의 발달 단계

심리학 포커스

어떠한 일이든 도전하는 사람은 '용기가 있는 사람'이라고 생각할 수 있다. 많은 경우 용기를 성격적인 것으로 본다. 용기와 도전 정신은 정말 '성격'으로 설명할 수 있을까? 도덕의 발달 심리를 통해 용기에도 '단계'가 있음을 알게 되면, 더욱 용기를 낼 기회를 스스로 만들 수 있을 것이다.

✚ 인생의 경험과 함께 발달하는 배려적 거짓말

'용기'는 어떠한 일에도 도전하며, 위험을 겁내지 않고 행동할 수 있는 마음가짐이다. 심리학의 조사에서 알게 된 바로는 이 용기의 기원을 거슬러 올라가면 유아기 시절 부모 자식의 관계, 특히 '애착(attachment)'에 그 기원이 있다고 할 수 있다. 예를 들어 부모가 자식에게 얼마나 안심감을 주고 일관된 서포트를 하고 있는지와 같은 부모의 애정의 구체적인 태도와 행동이 용기의 심리에 커다란 영향을 준다고 한다.

H. 할로우는 어미 원숭이 인형을 사용하여 새끼 원숭이의 행동을 조사한 비교 실험을 통해 먹이를 주는 것보다 신체적 접촉

(부드러움과 따뜻함)이 더욱 큰 애착 감정을 갖게 함을 발견했다. 이 실험에서는 철사로 만든 어미 인형에서는 우유가 나오도록 하고, 우유는 나오지 않지만 따뜻한 천으로 만든 어미 인형을 놓고 비교했다. 이렇게 하니 새끼 원숭이는 대부분의 시간을 천으로 만든 어미 인형에 안겨서 떨어지지 않았다.

그 다음, 이 원숭이 우리에 뱀을 넣는 실험을 했는데, 철사로 만든 어미 인형과 함께 있던 아기 원숭이는 구석으로 도망가서 뱀을 바라만 볼 뿐이었다. 반면, 천으로 된 어미 인형과 있는 아기 원숭이는 어미에게 붙어있다가 호기심이 생겨 뱀을 관찰하기 위해 가까이 다가갈 정도까지 용기를 냈다고 한다. 그때까지는 어미의 수유 행위야말로 애착의 근원이라고 생각해왔지만, 먹이보다 '피부와 피부가 닿는 것'이 정신적인 성장에 더욱 중요하다는 것을 알게 됐다.

이 실험에서 용기에 대해 알게 된 점은 유아기의 애착 감정(어태치먼트)이 안정적으로 자라난 경우, 아이는 외부 세계에 대한 관심을 가지고, 도전적인 행동을 할 수 있는 용기를 가지게 된다는 것이다.

✚ 도덕성의 발달 단계에서 보면, 용기도 단계가 있는가?

도덕성의 발달 단계에 대해서는 미국의 심리학자인 L.

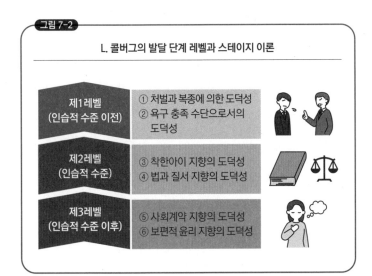

콜버그가 알려져 있는데, 그림 7-2에 나와 있듯이 3가지 레벨
(수준)과 6개의 단계를 들 수 있다.

예를 들어 지하철에 앉아있는데 앞에 지팡이를 짚고 있는 노
인이 서 있다고 한다면, 바로 자리를 양보할 것인가? 이 내용을
대학생들에게 조사한 결과 85%가 주저한다고 대답했다(타쿠미
에이치의 조사 결과 : 2017년 130명 대상).

이것도 용기의 문제에 해당하는 것인데, 여기서는 학생들이

도덕성의 발달 단계(moral judgement)

L. 콜버그가 주장한 개념이자, J. 피아제의 발달 단계 이론을 응용한 이론으로서
도덕심에도 단계가 있다고 보았다. 특히 유소년기에 부모로부터의 타율적인 비판에서 시작
하여, 성인이 되면서 자신만의 가치관과 윤리에 의해 자율적인 것이 된다고 보았다.

주저하는 이유가 중요하다. 많은 학생이 이를 사회적인 상식으로 보고, '약자에게 자리를 양보하는 것'을 매너와 사회의 규칙으로 지켜야 한다고 생각하고 있다. 이 경우는 도덕 심리에서 보면 그림 7-2의 제2레벨에 해당한다.

한편, 바로 자리를 양보하겠다는 학생들은 자신의 삶의 방식과 가치관으로서 자리를 양보하는 의미를 대답으로 적었다. 이것이 제3레벨인 '보편적 윤리 지향의 도덕성' 단계라고 생각할 수 있다.

제1레벨은 대학생에게는 나타나지 않고 유소년기의 단계로서, 부모로부터 배운 규칙을 지키는 경우를 말한다.

용기는 성격적인 것이라고 생각하기 쉽지만, 이처럼 도덕성의 발달 단계에서 보면 자신의 행동을 되돌아 볼 수 있게 된다. 자신이 어떤 단계에 있는지를 의식하는 것이 성장에 대한 밑거름이 되기 때문이다. 스스로 용기가 없다고 생각한다면, 그것이 성격 때문이라고 생각해서 포기하지 말고, 도덕성의 발달 단계 이론의 제3레벨인 '윤리적인 단계'로서 자신이 무엇을 하고 싶은지, 어떤 가치관을 중요시하는지를 되돌아보면 좋을 것이다.

03
배려적 거짓말의
심리학적 의미

성숙형 낙관성 | 배려적 거짓말

심리학 포커스

나이를 먹으면서 어떤 일이든 달관할 수 있고, 낙관적이 되는 '요령'이 생길까? 만약 그렇다고 한다면, 그 능력은 '좋은 거짓말'을 하면서 생긴 기술일지 모른다. 좋은 거짓말은 우리를 요령 있게, 인생을 즐겁게 만들어준다는 것을 알 수 있다.

✚ 인생의 경험과 함께 발달하는 배려적 거짓말

성인의 발달 이론을 생각해볼 때는 매슬로의 욕구 단계 이론을 검증하는 것이 효과적이다. 그림 7-3에 나타나듯이 인생의 행복은 '자기 실현의 욕구'가 충족되는 단계라고 할 수 있다. 이것은 욕구 단계 이론의 가장 상위에 있는 욕구이다. 이 것은 나이를 먹게 됨에 따라 시간 인식의 차이에 의한 낙관성 (성숙형 낙관성)에서 오는 것이라고 생각할 수 있다.

노년기 행복도는 다른 연령대에 비교하면 상당히 낮다는 것을 알 수 있다. 이것은 나이가 들어서도 일을 하는 경우가 너무 많기 때문일 수도 있지만, 퇴직하고 나서 좁아진 인간 관계와

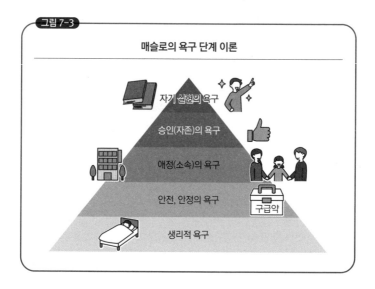

그림 7-3

매슬로의 욕구 단계 이론

자기 실현의 욕구

승인(자존)의 욕구

애정(소속)의 욕구

안전, 안정의 욕구

생리적 욕구

취미 등의 관심사가 적어진 점에서 생긴 문제라고 할 수 있다. 중요한 것은 인간 관계가 넓은 사람은 노년기의 행복도가 높아지는 경향이 있다는 점이다.

그 원인은 자신을 유연하게 받아들이고, 상대방에 대한 배려가 '거짓말'로서 가능하기 때문이다. 도덕적으로 봤을 때 거짓말은 나쁜 것이지만 누구라도 거짓말을 하면서 생활을 원활하게 살아가고 있다. 아침 인사 같은 경우도 사실은 자신의 상태가 안녕하지 않더라도 '안녕하세요'라고 말하고, Good이 아니더라도 상대방에게 'Good Morning'이라고 말하는 것과 같다.

✦ 사회적인 거짓말이 갖는 긍정적인 심리 효과

하루 중에서 싫어하는 일과 즐거운 일은 나이와는 상관없이 존재하고, 일희일비하는 것도 변하지 않는다. 그 일희일비가 나이를 먹음에 따라 선택적으로 바뀌게 되는데, 그 이유는 다른 사람의 평가에 좌우될 확률이 낮아지기 때문이다.

그러면 자기 평가가 더욱 강하게 작용하고, 자신의 오리지널적인 비판을 중요하게 보게 된다. 즉, 자신이 중요하다고 생각하는 것에 솔직해지며, 자신이 실감할 수 있는 본질을 전면에 놓는 행동 방식을 갖추게 된다는 것이다. 이것은 한편으로는 다른 사람의 의견을 무시하는 면도 있다. 하지만 사교적인 능력도 높아지는 면이 있어서, 그런 태도를 문제없이 뒷받침해주게 된다.

그런 사교적인 거짓말을 여기서는 '배려적 거짓말'이라고 부르는데, 일상에서 일어나는 부정적인 행동에 대처하는 힘이 된다. 이 효과는 낙관성에 관한 내용이기도 하며, 'PTG'와도 관련이 있다. 이것은 외상 후 스트레스 장애(Post Traumatic Stress Disorder)의 반대 의미이다. 예를 들어 암에 걸렸다는 이야기를

PTG(Post Traumatic Growth)

PTG는 전쟁 등의 강한 스트레스 이후의 극복력에 관련된 능력을 말한다. PTSD(외상 후 스트레스 장애: Post-Traumatic Stress Disorder)와 반대의 개념이며, 투병 이후에 심신적으로 강해지는 면이 있다는 것을 강조한다.

듣고 강한 스트레스를 받은 후, 오히려 그전보다 스트레스 내성이 향상하는 것과 같은 성장을 의미하는 것이다. 다양한 경험, 즉 다른 사람과의 이별과 병 등을 극복해온 것에 의한 성장력이라고도 할 수 있다. 이런 일상 속의 PTG가 경험을 통해 습득되어, 그 결과로 스트레스에 대한 내성이 높아진다고 할 수 있다. 심리학에서 유사한 개념으로는 '**레질리언스**(위기 극복력)'가 있는데, 이것은 신체적인 면보다 심리적인 면을 강조한 점에서 차이가 있다고 할 수 있다.

거짓말도 일종의 요령이라고 말하듯이 다른 사람과 자신에게 능숙하게 거짓말을 하는 능력은 타인을 배려하는 힘이 되기도 한다. 그러한 '배려적 거짓말'은 자신을 칭찬하는 힘이 되기도 한다.

'연기한다'는 말도 나쁜 것이 아니라, 그러한 배려적 거짓말의 행동으로서 본다면 우리 모두는 더욱 적극적으로 '연기'해야 할 필요가 있을지도 모른다.

레질리언스(resilience)

넓은 개념으로서 물리적으로는 저항과 반발을 의미하며, 심리학에서는 스트레스 내성과 회복력이라는 마음의 케어 개념으로서 사용되고 있다. 다만, 최근에는 '곤란, 역경을 극복하는 힘'인 'GRIT'에 가까운 개념으로서 관심이 높으며, 많은 진단 프로그램이 개발되고 있다.

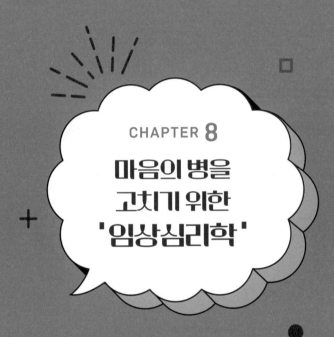

CHAPTER 8

마음의 병을
고치기 위한
'임상심리학'

01

카운슬링에는 경청하는 능력이 필요하다

심리학 포커스

카운슬링에서 조언은 하지 않고 환자의 이야기를 듣기만 한다는 불만을 자주 듣게 된다. 하지만 안정된 상태에서 이야기를 들어주는 것만으로도 치료가 됐다는 이야기도 많이 있다. 그 비밀은 '라포'라고 하는 신뢰감 만들기에 있다. 이것은 인간 관계를 고민하는 모든 사람에게 필요한 기술이라고 할 수 있다.

✚ 경청하는 힘의 전제가 되는 신뢰감 '라포'

카운슬링이 상담과 조언을 기본으로 하고 있다고 생각하는 사람이 많다. 하지만 이것은 일면적인 견해이며, 카운슬링이 가장 중요시하는 것은 '라포'이다. 환자와 마주 앉아 있을 때 얼마나 안심하고 신뢰할 수 있는가에 대한 마음의 상태를 의미한다. 그리고 라포에서는 심리 치료를 행하는 장소에서만이 아니라 평소에도 스트레스 없이 생활할 수 있도록 해야 '치료' 되었다고 보고 있다.

이와 같은 안심감이 '라포'의 효과인데, 이 방법을 심리 치료의 축으로 한 것이 K. 로저스가 개발한 '클라이언트 중심 치료

(client-centered therapy)'이다.

그 실천법으로는 상호 이해, 수용, 공감, 릴렉스라고 하는 4가지 포인트가 있다. 특히 중요한 것은 로저스가 주장한 것으로, 상대방을 있는 그대로 받아들이는 '수용'이라고 하는 개념이다. 그는 동양적인 사상에도 관심이 깊었는데, **불교의 '있는 그대로'**라고 하는 사상과 공통되는 부분이 있다고 했다.

'클라이언트를 중심'으로 하는 이유는 환자 자신 안에 문제를 해결할 힘이 있다고 보기 때문이다. 그렇기 때문에 환자가 하는 말의 가능성에 주목한다. 말의 의미를 전환하는 **리프레임 (reframe)**'의 기법도 그중 한 가지이다.

이처럼 환자가 중심이 되는 치료법은 환자에 대한 신뢰감이 없으면 할 수 없으며, 라포는 이것을 만드는 방법이기도 하다. 여러분도 상담과 교육을 할 때, 먼저 라포를 의식하여 상대방의 안에 해결의 힘이 있다고 믿는 태도를 취해보면 좋을 것이다.

키워드 심리학 **불교의 '있는 그대로'**
부처의 사상을 기본으로 한 '있는 그대로'라고 하는 사고방식은 일본의 심리치료에서도 1920년대부터 응용되어 왔다. 불필요한 잡념을 단순 작업(청소 등)으로 없애는 방식이다. 이사를 통해 우울증이 개선되는 것도 마찬가지 이유이다.

리프레임(reframe)
표현법만을 바꿔서 내용을 반대로 바꾸는 방법이다. 예를 들어 '말을 잘 못하기 때문에 영업을 할 수 없다'의 경우 '손님의 말을 잘 들어주기 때문에 영업도 할 수 있다'로 바꾼다.

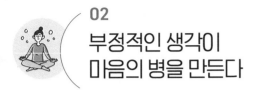

02
부정적인 생각이
마음의 병을 만든다

인지치료법 논리치료법

심리학 포커스

슬픈 일과 괴로운 일이 겹치게 되면 스스로에 대한 자신감을 잃게 되고 타인에 대해
서도 냉담해지는 것이 당연하다. 이런 원인은 스트레스가 되는 사건 혹은 사람일까?
사실은 그렇지 않다. 어째서인가 하면, '문제'는 그 사건 자체가 아니라 그것을 받아
들이는 '생각'에 있기 때문이다. 그 생각을 바꾸는 방법을 알게 되면 해결의 선택지가
늘어나게 된다.

✤ 부정적인 생각을 바꾸는 심리치료: '인지치료'

누구라도 우울증이나 신경증에 걸리면 부정적인 사고가 직감적으로 나타나게 된다. 이러한 사고와 신념의 어그러짐을 타당한 것으로 바꾸는 방법이 A. 벡의 '인지치료(cognitive therapy)'인 ABC 원리다.

이 방법은 A. 엘리스가 1955년부터 실천한 '논리치료'(rational emotive behavior therapy)로서 임상 실험을 기반으로 선행했던 것이다. 엘리스는 논리치료에서 부정적인 생각은 불합리한 신념에서 생긴다고 했다.

예를 들어 '상사에게 인사를 할 때 무시를 당했다'고 해보자.

그림 8-2

'인지치료'와 '논리치료'의 비교

'인지치료' (A. 벡)	'논리치료' (A. 엘리스)
자동 사고(스키마)의 어그러짐이 부정적인 생각의 패턴을 만드는 것에 주의했다.	부정적인 생각이 자신의 불합리한 '신념(생각)'에 의한 것이라고 이해하게 한다
⇩	⇩
요소가 되는 단계에서 문진적인 진단을 하여, 문제 리스트를 작성하고 스스로 이해하게 한다	자신의 신념의 뒤틀림이 어떠한 사고와 감정에 의한 것인가를 이해하면서 수정한다

상사가 단순히 일에 몰두하고 있어 인사를 알아채지 못한 것이라고 해도, 그 순간 당사자는 '상사가 나를 바보 취급했다'는 생각을 하게 된다. 이에 그치지 않고 '나는 누구에게도 신뢰받지 못해'로까지 과하게 생각하게 되기도 한다.

논리치료는 이런 상태를 분석하여, 당사자가 놓치고 있는 해결의 선택지를 찾게 하는 것이다. 그리고 사실을 뒤틀려서 보고 있는 자신의 '신념'을 이해하게 한다.

그림 8-2처럼 이 두 가지를 비교하면, 인지치료는 '인지 스키마'의 개념을 사용한다는 점과 그 스키마가 '자동 사고'로 작동한다는 점에 주목하고 있다.

예를 들어 다른 사람으로부터 주의를 받은 경우, 곧바로 자신을 '괴롭힌다'고 보는 것이다. 그 때문에 구체적인 상황에서 합리적으로 비판하는 방법을 사용하고, 치료 단계 자체에 자기 진단의 체크표 등을 사용하는 것이 특징이다.

인지치료에 행동심리학을 응용한 '**행동치료**'를 더한 형태를 '인지행동치료'라고 부른다.

다음으로 'ABC' 원리를 정리해 보면 아래와 같다.

A (Activating) → 고민을 유발한 상황

B (Belief) → 인식의 방법과 그 신념

C (Consequence) → 결과로서 생겨나는 고민

이 원리에서 중요한 점은 고민(C)을 가져오는 것은 상황(A) 그 자체가 아니라 인식의 방법(B)라는 사실이다. 이것은 인지심리학 챕터에서도 이야기했던 '스키마'라고 불리는 것으로, 이것이 독특한 인식을 만들어낸다고 할 수 있다. 여기서 그 독특한 인식을 타당한 것으로 수정하면 된다. 즉, '인식(스키마)의 수정

키워드 심리학 행동치료(behavior therapy)

마음의 병은 습관으로서 학습되는 행동을 원인으로 본다. 그 때문에 행동심리학에서는 객관적인 행동에만 초점을 맞춘 치료적 개입을 한다. 반대로 말하면 습관 행동과는 다른 것, 뒤틀린 사고가 원인이 되는 것은 치료 효과가 약하다고 말할 수 있다.

=치료의 완료'라고 생각할 수 있다.

　이러한 인식을 중요시하는 심리치료는 현실을 있는 그대로 보기 위한 기법이라고 할 수 있다. 사실을 있는 그대로 인식하는 것은 그리 쉬운 과정이 아니다. 그렇기 때문에 인식 능력이 불충분한 아이나 발달장애를 가진 사람에게는 부적절한 경우도 있다. 그러한 경우에는 행동 치료와 조합한 인지행동치료가 효과적일 수 있다.

　하지만 우리는 누구라도 이러한 잘못된 신념과 인식을 많든 적든 가지고 있다. 논리치료와 인지치료는 이러한 어그러짐이 무엇인지를 알 수 있는 계기를 가르쳐 준다.

03

마음의 병 치료에서 원인을 찾는 데 지나치게 집착하면 안 되는 이유

해결 지향 치료법

심리학 포커스

마음에 병이 생기게 되면 먼저 현재에 대한 폐색감이 강해지게 된다. 그리고 눈앞의 선택지가 좁아지게 된다. 그럴 때 해결 지향 치료법을 알고 있다면 선택지가 넓어지고, 단기간에 그 상황을 해결할 수 있다. 자신의 고정관념에서 빠져 나와 자연스럽고 유연하게 해결책을 선택하는 방법이다.

✚ 과거의 원인을 찾는 것의 단점

정신분석의 심리치료에서는 3개월부터 1년 정도 기간이 걸린다. 이 기간 중에 원인을 찾고, 환자의 잘못된 부분을 고치게 된다. 그 원인을 과거에서 찾는 방법을 '원인 지향'이라고 부른다. 그림 8-3에서 그 특징을 요약하고 있는데, 원인 지향은 실패와 약점이라고 하는 부정적인 요인에 관심을 갖는 것이다. 이것은 환자 측에 있어서 스트레스가 높아지고, 치료를 계속하는 것 자체를 고통으로 느끼게 되는 면이 있다.

그리고 원인을 알았다 해도 과거로 돌아갈 수는 없기 때문에 그 원인의 제거는 불가능하다.

그림 8-3

원인 지향과 해결 지향의 차이

	원인 지향	해결 지향
방법의 특징	'원인 규명'이 우선	'되고 싶은 모습'을 우선
실패에 대한 견해	실패 경험 = 악	실패 경험 = 리소스
목표	약점의 감소	장점의 증가
변화 주체	치료자 측에 치료하는 힘이 있음	환자 자신과 상황(현장)에 치료의 힘이 있음
변화 기간	장기간	단기간
행동의 중요한 점	과거의 원인 분석	되고 싶은 모습의 선행 행동

여기서 카운슬러가 주의해야 할 점은 원인을 찾는 데 집착하지 않는 것이다. 그 이유는 카운슬러가 환자의 마음을 전부 이해하고 싶어도 그럴 수 없는 부분도 있음을 인정할 필요가 있기 때문이다.

이것은 치료하는 측의 이해력을 과신하지 않는 **'인지적 억제'**를 하는 것의 중요성이기도 하다.

키워드 심리학 인지적 억제(cognitive suppression)

'인지적 억제'는 전문용어로 '인지적 제어'의 개념에 가까운 것으로 여기서는 독자적으로 정의하고 있다. 이것은 목적에 따라 자기의 인식에 의존하는 것을 억제해야 한다는 점을 강조한다. 마시멜로 실험처럼 자신을 억제하는 면을 설명하는 개념이다.

♣ '이해'보다는 '변화'를 중시하는 것의 장점

그림 8-3에서처럼 '원인 지향'과 다르게 '해결 지향'에서는 몇 주부터 3개월 정도의 단기간에 치료가 이루어진다. 당사자의 장점, 혹은 앞으로 어떻게 되고 싶은지와 같은 미래의 모습 그리기를 우선으로 하는 것이 특징이다. 그 때문에 예외 등을 찾고, 일이 잘 풀리던 상황을 일상화해나가는 것이다.

예를 들어 '혹시 아침에 일어났을 때 지금 고민하는 것들이 전부 사라져 있다면 무엇을 하고 싶은가?'라고 미래의 모습을 떠올릴 수 있는 질문을 한다. 그렇게 하면 지금까지의 원인을 한번에 표면에 나오게 할 수 있기 때문에 정말로 바라는 바와 희망을 말할 수 있다.

이처럼 M. 에릭슨의 '해결 지향 치료(SFA)'는 '단기 심리치료(브리프 사이코테라피, brief psychotherapy)'에 속한다. 특히 다른 심리치료와의 차이에서 중요한 것은 '변화'가 핵심이라는 점이다. 즉, 클라이언트의 심리를 '이해'하는 것보다 오히려 마음과 행동의 '변화'를 중요시한다.

♣ '원인 찾기'에서 벗어나서 '예외 찾기'에 의한 해결법으로

예를 들어 직장 상사가 괴롭히는 원인이 회의에서 지각을 한 것에서 계기가 됐다고 하자. 이것은 과거의 지각이라고 하는 원인의 결과이기 때문에 제거할 수 없다. 그렇기 때문에 과거의 원인을 찾는 것이 직접적인 해결책이 되지 않는다는 모순이 있다. 하지만 지금부터 지각을 하지 않는 것은 가능하다. 여기서 일찍 회의에 나왔을 때의 '**예외 찾기**'를 해보자. 지각을 하지 않았던 날, 먼저 나와서 자료를 나눠줬으면 좋겠다는 상사의 부탁을 들어줬던 경우를 들 수 있다.

이 예외 찾기는 단기 치료의 포인트이기도 하며, 이것이 예외적인 것이 아니라 반복할 수 있는지를 생각해야 한다. 앞에서 말한 예시에서는 회의에서 예정된 주제 내용을 요약하여 먼저 나눠주는 담당자가 된다는 설정이다.

보통 원인 찾기가 되면, 당사자와 관계가 있는 상대방의 나쁜 점을 찾게 된다. 그렇게 하는 것이 아니라, 예외가 일어났을 때 어떤 좋은 점이나 장점이 있었는지를 찾는 것이다.

이처럼 해결 지향의 방법은 당사자의 긍정적인 힘을 끌어오는 능동적인 것이다. 해결 지향은 실패마저도 치료의 도구로서 쓰는 힘이 있다. 실패를 힘으로 한다는 점에서 누구에게나 적용해볼 가치가 있다.

키워드 심리학

예외 찾기

'브리프 사이코테라피'와 '해결 지향 치료'(SFA)에서는 환자가 좋은 상태일 때를 파악하는 것을 중요하게 생각한다. 그렇기 때문에 예외적인 행동 속에서 해결(개선) 행동에 대한 힌트가 있을 것이라고 본다.

04

심리치료법을 코칭에 응용한다

'인지치료법'과 '해결 지향 치료법'의 실천법

심리학 포커스

심리치료의 기본은 대화이다. 여기서는 직장에서 생길 수 있는 문제적인 상황에서 응용할 수 있는 대화와 질문 방법에 대해 알아보자. 특히 '인지치료'와 '해결 지향 치료'의 차이점과 공통점을 이해할 수 있다면 일상의 고민 해결에도 응용할 수 있다.

✚ '인지치료'와 '해결 지향 치료'을 코칭에 응용하는 방법

그림 8-4-①에 나와있는 것처럼 직장에서의 상담을 예시로 들어보겠다

① '앵무새 말하기': 아베는 코가와의 말을 반복하듯이 받아서 대답하고 있다. 이러한 앵무새 말하기 방법은 상대방의 공감을 유도하고 '듣고 있다'는 확인의 의미로 효과적이다. 다만, 이것은 상대방과의 공감을 전제로 해야 한다. 단순히 반복해서 말하는 인상을 주면 반대로 불쾌한 느낌을 받게 되므로 주의가 필요하다.

② '스케일링 퀘스천(scaling questions)': 밑줄 1~3의 부분은

그림 8-4-①

일의 고민을 상담하는 사례 분석

IT기업의 인사 담당인 아베가 신입 사원인 코가와의 고민을 듣고 있는 상황이다.

 저희 팀이 지금 바빠서 모두가 개인적으로 대화할 기회가 없어요. 그래서 제가 팀원들에게 방해가 되지 않을까 걱정이에요.

코가와

방해가 될까 봐 걱정이군요?

아베

 모두가 바쁜데 저만 한가해서 기분 나쁘게 보실 것 같아서요.

그렇군요. 모두가 바쁜데 본인만 한가하다고 느껴져서, 다른 분들이 나쁘게 생각할지도 모른다고 느끼고 있군요. 왜 본인만 한가하다고 생각하나요?

 저는 아직 혼자서 일을 찾아서 하지 못하고, 선배님들의 지시를 기다렸다가 일을 해야 해서요.

일을 직접 찾아서 하지 못하는 것이 걱정된다는 거지요?

 네. 그렇습니다.

그럼 한 가지 물어볼게요. 코가와씨는 처음 입사했을 때의 자신의 모습을 5점 만점에 3점 정도라고 한다면, 지금의 자신은 어느 정도라고 생각하나요? (밑줄 1)

 아마도 2점 정도일 거예요.

그렇군요. 2점이라고 한다면 입사 때보다 조금 낮아진 거네요. 그럼 여기서 1점 정도 올리려면 어떻게 해야 할까요? (밑줄 2)

 1점만 올리는 거라면, 동기중에 친한 A씨가 팀에 있는데, 만나서 이야기를 들어보면 좋을 것 같아요.

그런 거라면 함께 점심을 먹는 것으로도 가능하겠네요. 또 한 가지 이상한 질문이지만, 만약 기적이 일어나서 내일 아침 일어났을 때 고민하던 일들이 전부 사라진다고 한다면, 어떤 일을 하고 싶나요? (밑줄 3)

 음. 그러면 아마 팀원 모두와 함께 바비큐 파티를 할 것 같아요.

그거라면 다음 사원 여행에서 가능할 것 같네요!

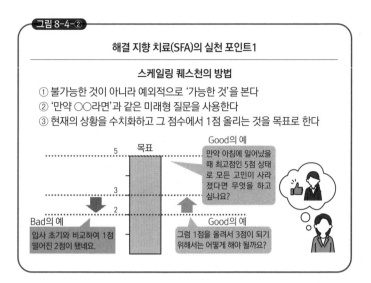

그림 8-4-②

해결 지향 치료(SFA)의 실천 포인트1

스케일링 퀘스천의 방법

① 불가능한 것이 아니라 예외적으로 '가능한 것'을 본다
② '만약 ○○라면'과 같은 미래형 질문을 사용한다
③ 현재의 상황을 수치화하고 그 점수에서 1점 올리는 것을 목표로 한다

5 목표

Good의 예
만약 아침에 일어났을 때 최고점인 5점 상태로 모든 고민이 사라졌다면 무엇을 하고 싶나요?

3

2

Bad의 예
입사 초기와 비교하여 1점 떨어진 2점이 됐네요.

Good의 예
그럼 1점을 올려서 3점이 되기 위해서는 어떻게 해야 될까요?

상대방에게 현재의 심리 상태를 과거나 미래와 비교하여 양적으로 표현하는 것이다. 이것은 해결 지향 치료의 방법으로서 밑줄2가 포인트이다. 딱 1점만 올리려면 어떻게 해야 될지를 물어보면, 본인이 조금 변화하는 이미지를 구체적으로 떠올릴 수 있기 때문이다. 그림 8-4-②에 나와 있듯이 상대방의 동기 부여를 올리기 위해서 물어봐야 하는 것은 변화의 이미지이다.

해결 지향에서는 원인을 찾는 데 초점을 맞추는 것 자체를 부정하지는 않는다. 다만, 그렇게 했을 때 오히려 새로운 문제를 만들 수 있다는 점을 생각하기 때문이다(그림 8-4-③).

만약 회사에서 우울하게 지내는 사람을 상담할 때, 처음에는

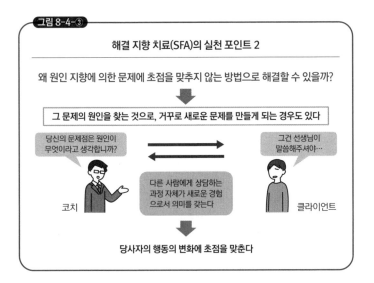

직장 상사의 폭언이 문제의 원인이라고 생각하고 있었는데, 이야기를 듣다 보니 사실 그 이전부터 동료들의 괴롭힘이 있었고, 그 일이 상사의 기분을 거스르는 결과가 됐다는 경우처럼 말이다. 즉, 처음 원인 뒤에 또 다른 **원인의 연쇄**가 있다고 할 수 있다. 하지만 해결 지향은 원인을 찾는 인지치료와 대립하는 것은 아니며, '변화'를 만들어낸다는 점에서 아주 능동적이고 실천적인 방법이다.

원인의 연쇄

인과 관계의 관련 구조를 의미하는 것으로, 가족 치료와 조직심리학에서는 '시스템 이론'으로서 다룬다. 특히 상호 간에 모순되는 인과 관계가 중요하며, '능동 이론'에서는 이를 발달과 성과의 원동력이라고 본다.

05

아이의 분노 조절 장애와
폭력성으로 고민될 때

가족 치료법 더블 바인드

심리학 포커스

아이가 폭력적인 행동을 한다면 그것은 누구의 책임일까? 이렇게 물어봤을 때 '부모의 잘못이다'라고 하는 책임론이 대두되는 경우가 많다. 그런 부모와 아이의 관계를 조사해보면 일상 커뮤니케이션의 악순환에 의한 문제가 나타난다. 작은 문제가 싸움이 되는 등의 악순환을 해결하는 것이 가족끼리 잘 지내는 비결이다.

✚ 아이의 우울은 개인의 치료가 아닌 가족 전체의 치료가 필요하다

가족 치료에서는 아이만 우울증이 생겼다고 해도 가족 전체를 대상으로 치료해야 한다. 이 치료에는 '시스템 이론'의 방법이 있는데, 가족 서로의 관계성에 눈을 맞추고, 그 개선을 목표로 하는 것이다. 그래서 아이가 폭력 사건을 일으키는 경우에도 이것을 가족 전체의 문제로 보고, 개인만의 문제로는 보지 않는다. 서로 일그러진 상호 의존성의 '구조'가 있고, 이것이 약한 개인에게 나타난다고 보기 때문이다.

특히 커뮤니케이션의 방법에 초점을 맞춘 치료법이 주류를 이루는데, 그 원리의 토대가 되는 것이 '더블 바인드'이다. 이것은 모순된 말과 행동의 관계를 가리키는 것으로, 당사자의 행위와 말이 상반되는 메시지를 보내고 있는 상태를 의미한다. 예를 들어 아이에게 시험 공부를 시키고 싶은 부모가 교육방송을 보면서 '아이들은 노는 게 일이지'라고 아이에게 이야기하는 것이다. 이 모순된 부모의 메시지를 받은 아이는 어떠한 것도 선택하지 못하는 상태에 빠지게 된다. 이때 아이는 부모에 대해 불신과 혐오감을 갖게 되고, 이것이 마음의 병을 만들게 된다.

이런 치료의 기본은 가족 간의 일상적인 교류를 분석하고 개입하는 것이다. 그림 8-5에 나온 예시는 아침 식사 때 생긴 불화 상황으로, 가족의 관계를 어긋나게 만든 원인을 볼 수 있다. 아이 입장에서 보면 가정에서 자신이 있을 곳이 없는 상태이며, 이 때문에 부모에 대한 반항심이 높아지는 악순환이 생긴다.

이처럼 아이의 폭력을 개인의 문제만으로 보지 않으며, 가족의 커뮤니케이션으로 생겨난 잘못된 '순환 시스템'이라고 보았다. 그 순환의 이유는 일상 속에서 같은 패턴의 말과 행동 등이 반복되는 습관 행동으로 나타나기 때문이다. 특히 시스템 이론에서는 순환의 관계성을 두고, 그 안의 움직임인 '계기'를 파악했다.

예를 들어 이 사례에서는 엄마가 화를 내면서 '당신이 항상 이런 태도니까…'가 그 '계기'가 됐다. 이것은 'You 메시지'이

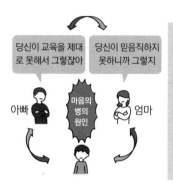

가족 치료의 커뮤니케이션 분석

당신이 교육을 제대로 못해서 그렇잖아

당신이 믿음직하지 못하니까 그렇지

아빠

마음의 병의 원인

엄마

아빠 : (TV를 보면서 가끔씩 신문을 보고, 식탁에 같이 앉아있지만 아무 말도 하지 않는다)

엄마 : 당신이 항상 이런 태도니까 아이도 버릇이 나빠지잖아.

아빠 : 그게 내 책임이야? 당신이 제대로 못 가르치니까 그렇지.

엄마 : 당신은 집안일을 조금이라도 생각은 해?

아이 : …… (조용히 식사를 하지만 자신을 부정하고 있는 부모가 밉다)

며, 상대방을 주어로 한 비판의 언어가 된다. 이것을 자신을 주어로 만든 'I 메시지'로 말을 바꾸면 인상이 변하게 된다. 예를 들어 '나는 식사할 때는 대화를 하고 싶어'라고 말한다면, 남편은 자신이 조금 잘못했다는 기분을 느끼게 된다. 카운슬링에서는 이런 전환법을 사용하여 그 상황에서 가족 전원에게 평소의 상황을 재현하는 연기를 하도록 한다. 이건 연기이긴 하지만, 자신들만의 언어로 대화하는 효과를 느끼게 하기 때문이다.

　이러한 가정 치료와 연기적으로 재현하는 방법은 '인액트먼트'(enactment)라고 불린다. 그 원리는 모로 유지가 비즈니스심리학의 한 분야로서 연구한 '퍼포먼스심리학'과 코칭, 연구법인

'**임프로비제이션**'(연출적 교육)으로서, 기업 연수에서도 많이 사용하고 있다.

이렇게 행동을 통해 즉흥적으로 연기하는 능력은 상대방에게 맞추는 커뮤니케이션과 대화의 향상으로 이어진다. 가족, 직장 동료와 어긋나는 상황이 많다면, 그 변화를 위해서 연기라도 좋으니 한번 시도해보면 좋을 것이다.

임프로비제이션(Improvisation)

'즉흥'을 의미하는 '임프로비제이션'이란 즉흥 연기와 음악, 춤 등을 말한다. 현재 홀츠먼의 연극적 퍼포먼스 교육론과 비고츠키의 발달 이론의 응용으로서 주목되고 있으며, 대화의 힘을 육성하는 기업 연수에서도 사용되고 있다.

앞서 설명한 것처럼 심리 치료에서는 '진단'을 하지만, 여기에는 자신의 생각이 정답이라고 생각하는 함정이 있다. 먼저 다음의 내용을 스스로 진단해보자. 가장 높은 점수를 5점으로, 1~5점으로 평가하여 계산한다. 처음에는 왼쪽 항목만 점수를 계산하고, 다음에는 오른쪽에 있는 항목도 같은 방법으로 계산한다.

☐ ① 성과 달성 동기가 강하다

☐ ② 사회적인 공헌 동기가 강하다

☐ ③ 유능한 타인과 협력 관계를 만들 수 있다

☐ ④ 타인의 성공을 진심으로 기뻐한다

☐ ⑤ 실패를 다음 성공의 기회로 삼는다

☐ ① 리스크 회피 동기가 강하다

☐ ② 자신의 득과 실을 따지는 동기가 강하다

☐ ③ 유능한 타인은 나의 위협이라고 본다

☐ ④ 타인의 성공을 질투한다

☐ ⑤ 실패를 내 탓이 아니라고 정당화한다

??? 해답 예시

답을 하면서 왼쪽과 오른쪽 각 질문의 특징을 깨달았을 것이다. 사실 이 문제는 사람의 '그릇의 크기'를 알기 위한 것이다(일본 비즈니스심리학회 감수). 만약 양쪽을 합쳐 30점 이상이 나온다면 '그릇이 크다'고 할 수 있다.

그 이유는 좌우가 전혀 다른 의미이기 때문이다. 만약 왼쪽의 '성공 달성 동기가 강하다'가 5점이 된다면, 오른쪽 '리스크 회피 동기'는 약할 것이므로, 점수도 2점 이하일 것이다. 그런데 좌우 각각 5점을 기입하는 사람들이 실제로 꽤 많다. 그런 자기 모순을 받아들일 수 있는 사람이 '그릇이 크다'고 말할 수 있다.

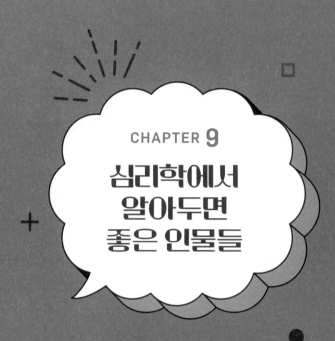

CHAPTER **9**

심리학에서
알아두면
좋은 인물들

01
정신분석학(심층심리학)의 창시자
지그문트 프로이트

연표 요약

1856년	오스트리아의 유대인 가정에서 출생했다
1881년	빈 대학에서 의학박사를 취득했다
1900년	저서 『꿈의 분석』이 높은 평가를 받았다
1939년	사망했다

관련 인물

안나 프로이트(1895~1982년)

프로이트의 딸이자 정신분석가로서 '아동정신분석학'의 선구자이다. '놀이치료' 보급과 자기 동일성 이론의 에릭 에릭슨을 가르친 것으로도 유명하다.

✚ 심리학을 여러 과학의 기초 이론으로 끌어올린 정신분석학

지그문트 프로이트가 개척한 '정신분석학'의 원리가 된 것은 '무의식'이다. 지금에는 일반적인 표현이 됐지만, 당시의 의학계에서는 부정하던 것이었다. 프로이트는 특히 유아기의 경험이 근본에 있다고 보는 성적 욕구인 '리비도'가 대표적인 무의식이라고 보았다. 터부시되던 성적인 욕구에는 심리적인 '억압'이 따른다. 그 억압된 것이 무의식으로 나타난다고 생각했다. 프로이트의 무의식 이론은 세 가지 층으로 구성되어 있다. ①스스로는 의식하지 못하는 최하층인 '이드(에스)', ②자각을 하면서 떠올리게 되는 '전의식' ③도덕적인 '초자아'이다.

당시 서구 사회에서는 성적인 것이 터부시됐다. 그 때문에 생긴 성에 대한 편견이 '이드'인데, 이것을 도덕적인 '초자아'가 '억압'하고 있다고 생각한 것이다. 그리고 '자아'는 그 모순의 조정 역할을 한다고 보았다.

정신분석의 방법에서는 무의식을 해방한다면 병은 자연스럽게 사라진다고 생각했고, '꿈의 분석'과 '자유 연상법'을 활용하게 됐다. 다만, 안타깝게도 그의 이론은 실증성이 결여되어 있었기 때문에, 협력자였던 아들러나 제자인 융과 다른 길을 걷게 됐다고 할 수 있다.

02
분석심리학의 창시자
칼 융

자아와 무의식

연표 요약

1875년	스위스 케스빌에서 출생했다
1901년	취리히 대학 정신과 클리닉에서 근무했다
1907년	프로이트와 공동 연구를 시작했다
1911년	국제정신분석협회를 창립하고 초대 회장에 취임했다
1961년	사망했다

관련 인물

카와이 하야오(1928~2007년)

쿄토 대학 명예교수이자, 유럽 융 연구소에서 일본인 최초로 융의 치료법을 보급하는데 공헌했다. '**상자정원 치료**'의 보급과 임상심리사 자격 제도 등을 만들었다. 일본 문화에 기본을 둔 심리치료를 제안했고, 2002년에는 문화청 장관을 역임했다.

✚ 프로이트에게 배우고 프로이트를 뛰어넘은 무의식의 새로운 이론을 만들다

칼 융은 정신과 의사로서 처음에는 프로이트의 제자였다. 하지만 성적인 '리비도' 이론에 비판적이었으며, 이후 '분석심리학'의 창시자로 유명해졌다. 그 원리로서 '집합적 무의식'의 개념이 알려졌으며, 신화와 우화에서 공통적으로 보이는 인간의 보편적인 심리인 '원형(아키타입)을 주장했다. 예를 들어 용기, 사랑, 우정과 같은 테마는 옛날 이야기나 우화, 민담으로서 전해져 사람들의 마음을 구성하게 된다. 융은 사람들에게 공통되는 보편적인 마음을 원형이라고 불렀으며 이것이 '집합적 무의식'의 작용이라고 말했다.

프로이트와 마찬가지로 꿈의 분석도 했지만, 이 경우도 그런 원형의 표현으로서 접근했다. 원형에는 8가지 종류가 있는데, 남성이 무의식에 가지고 있는 여성상인 '아니마', 여성이 무의식으로 가지고 있는 남성상 '아니무스' 등이 많이 알려져 있다. 또, '쉐도우'는 그 사람의 그림자라고 할 수 있는 자신의 나쁜

🔖 키워드 심리학 상자정원 치료

심리치료에서는 언어적인 설명 등을 이해하기 힘든 아이들에게는 그림을 그리게 하고, 여기서 심리를 유추하는 '투영법'을 사용한다. 그 한 종류인 '상자정원 치료'는 상자정원의 모형 안에 자유롭게 부모와 자식의 인형 등을 놓도록 하여, 재미있는 놀이를 하는 듯한 느낌으로 표현하게 하는 치료 방법이다.

면을 의미한다. 이처럼 융의 이론은 '이야기'가 중점이 되기 때문에 실증이 어렵지만, '이야기'적인 **내러티브 심리치료** 등에 영향을 주었다고 할 수 있다.

키워드 심리학 **내러티브 심리치료 (narrative therapy, 내러티브 테라피)**

환자가 스스로 이야기하는 내용과 테라피스트와의 대화를 통해서 자기의 상황을 새롭게 인식하고 재구축하는 치료 방법. 그 기초의 원리에는 '현실 감각'은 언어와 문화에 의해 구성된다고 보는 '사회 구성주의'의 견해가 있다.

03
개인심리학의 창시자
알프레드 아들러

살아가기 위해 중요한 것

연표 요약

1870년	빈의 유대인 가정에서 태어났다
1895년	빈 대학 의학부를 졸업하여 정신과 의사가 됐다
1911년	개인심리학회의 임시단체를 창설했다 (1913년에 정식화)
1916년	제1차 세계대전 중에 군의관으로 참전했다
1937년	사망했다

관련 인물

기시미 이치로 (1956년~현재)

『미움 받을 용기』의 저자이자 아들러 붐을 일으킨 장본인이다. 그리스 철학을 전문으로 했기 때문에 인생에 관련된 아들러의 저서를 많이 번역했다. 아들러보다 개인주의적인 경향이 있다고 평가된다.

✦ '미움 받을 용기'의 아들러가 붐이 된 이유

알프레드 아들러는 원래 프로이트의 연구 동료였으나 학설상의 견해 차이로 프로이트와 결별한 다음, '개인심리학'이라는 독자적인 이론을 구축하고 학회를 창설했다. 그 기반에는 **공동체 의식**'이라는 개념이 있었다. 이는 '개인'(individual)이란 '개별'이 아니라 분리할 수 없는 '전체적인 것'이라는 의미를 강조한 이론이다. 그리고 마음의 문제를 해결하기 위한 방법으로서 '원인 지향'이 아니라 '목적 지향'을 주장했다. 예를 들어 '자신에게 우울증이 생긴 것은 부모님의 죽음이 원인이다'라고 말하는 것은 '원인 지향'이다. 이에 대해 아들러 연구자인 기시미 이치로(『미움 받을 용기』 저자)는 다음과 같이 이야기했다.

'과거의 경험이 문제의 원인이라고 생각하고 싶은 사람은 과거의 원인이 없으면 곤란하다. 과거에 원인이 있다고 생각하는 한, 지금 자신의 모습은 자신이 선택한 것이 아니라며 책임을 피하게 되고, 현실의 문제 해결을 위해서 아무것도 하지 않게 될 수 있기 때문이다'

키워드 심리학

공동체 의식(community feeling, social interest)

집단과 조직, 나라 등의 공동체 유대감과 동료 의식에 가까운 개념. 이것은 A. 아들러의 심리학을 지지하는 개념이며, 이를 위해 '자기 수용', '타인 신뢰', '타자 공헌'이 필요하다. 영어 social interest를 번역하면 '사회적 관심'을 의미하기 때문에 타인과 사회에 대한 관심을 갖는 것을 말하기도 한다.

이런 정당화는 현재의 '인생의 문제'에서 도망치려고 하는 심리가 작용하기 때문이라고 할 수 있다. 아들러 자신은 '미움 받을 용기'라는 표현은 하지 않았지만, 이 이론을 통해 자신이 어떻게 주변의 사람들의 반응을 받아들일지를 생각하는 기회로 삼을 수 있다.

04

액티비티 이론의 선구자
레브 세묘노비치 비고츠키

연표 요약

1896년	러시아의 유대인 가정에서 태어났다
1919년	모스크바 대학 졸업 후, 러시아의 고멜에서 공교육직으로 근무했다
1925년	저서 『예술심리학』을 공개하여 박사학위를 취득했다
1934년	사망, 같은 해 저서 『사고와 언어』가 간행됐다

관련 인물

위르여 엥게스트롬 (1948년~현재)

헬싱키 대학 명예교수로 '액티브 이론'의 창시자. 비고츠키의 '근접 발달 영역 이론'을 발전시키고 저서 『확장에 의한 학습』과 『팀의 해체와 놋 워킹』에서 새로운 '초월 학습 이론'으로 주목받았다.

✚ 사고와 언어에서 놀이와 창조성의 발달

레브 세묘노비치 비고츠키는 러시아의 심리학자이며 J. 피아제의 비판에서 변증법적인 발달 심리학, 특히 '근접 발달 영역(Zone of Proximal Development)' 이론으로 알려져 있다. 비고츠키가 최근에 재평가되고 있는 점은 사고와 언어, 놀이의 발달 등이 서로 깊이 연결되어 있음을 주장했다는 점이다. 그 기본적인 생각은 개인에게 있는 발달 요인이 생물로서 처음부터 '시스템화 되어 있다'고 하는 피아제의 발달관을 부정한 것이다. 비고츠키는 개인 서로간의 사회적인 '교류'(부모자식 사이나 커뮤니티)가 발달을 만들었다고 주장했고, 이것을 유아기의 **'옹알이'**로 대화하는 어머니와 유아의 교류를 통해 밝혀냈다.

또, 비고츠키의 이론을 미국에 보급한 사람은 캘리포니아 대학의 문화 심리학자인 M. 콜이지만, 일본에서는 내 선생님이셨던 도쿄 대학 교육학부의 시바타 요시마츠(당시 교수)이다. 하지만 80년대 당시만해도 비고츠키는 거의 관심 받지 못했다. 하지만 지금은 심리학의 모차르트라고 불릴 정도로 재평가되고 있으며, 30대에 사망한 것이 아깝게 여겨지고 있다.

🔖 키워드 심리학 옹알이

'옹알이'는 생후 2개월 이후부터 나타나는 유아기의 독특한 발성을 말한다. 음식을 보았을 때 '아아'나 '마마'라고 하는 등의 정도이며, 혀와 입을 사용하긴 하지만 언어가 되지 못한 발성음이라고 할 수 있다.

05
인지과학의 창시자
하워드 가드너

연표 요약

1943년	미국 펜실베이니아에서 태어났다
1983년	이중 지능 이론을 주장했다
1986년	하버드 대학 교육계 대학원 교수로 취임했다
1995년	하버드 대학에서 굿 워크 프로젝트를 주도했다

관련 인물

사에키 유타카(1939년~현재)

일본 인지과학의 오피니언 리더이자, 교육계에 있어서 '납득'의 원리와 유아기의 공감론을 주장한 것으로 알려져 있다. 특히 사회문화적인 측면에서 액티브심리학과 발달 이론에 시점의 이동 이론 등을 더하여 IT교육의 가능성 등을 주장했다.

✚ 기억, 감정, 행동의 개념들을 '마음의 심리'로 종합한 인지과학

하워드 가드너는 하버드 대학 교수로서 지능을 9가지 층으로 분류한 '다중 지능 이론'의 연구로 알려져 있으며, 인지 과학의 보급에 공헌했다. 또, 이를 통해 다양한 능력 간의 차이와 관계를 IQ테스트로 판단하는 방법을 비판했다. 물론 학제적 연구로서 실증성이 약하다는 비판도 있었으며, 1990년 이후부터는 7가지에서 9가지로 지능 다중성의 내용도 변화했다.

그 분류 항목으로는 언어, 논리, 수학, 음악, 공간, 신체/대인, 반성, 종교 등이 있으며, **'액티브 러닝'**에도 영향을 주었다. 최근에는 '유능한 매니저의 피드백과 반성의 힘'이 연구 테마가 되었는데, 이것은 위의 항목 중 '반성' 레벨의 지능을 말한다.

또, 가드너는 창조성 연구로 N. 굿맨의 '프로젝트 제로'와 굿워크 연구를 이어 받아 일과 놀이, 예술 속에 있는 '비인지 능력'의 연구를 이끌어온 점에서 현재적인 의의가 있는 인물이라고 할 수 있다.

키워드 심리학

액티브 러닝
예술, 과학 등이 종합된 학습법을 말한다. 특히 그룹 토의나 탐색 조사 등이 있으며, 교과 단위의 배움을 종합하는 것이다. 또, 성적 평가에 과제를 포함시키고, 학생 개별의 작품을 기록하는 '포트폴리오 학습'과의 연계를 중요시한다.

06
긍정심리학의 창시자
마틴 셀리그먼

긍정심리학의 도전

연표 요약

1942년	뉴욕에서 태어났다
1970년대	'학습성 무력감'을 연구했다
1976년	코넬 대학 교수(이후 펜실베이니아 대학 교수)로 취임했다
1998년	미국 긍정심리학회의 회장으로 취임했다

관련 인물

미하이 칙센트미하이 (1934~2021년)

시카고 대학 교수이자 행복 감정의 기초가 되는 몰입(Flow)이라는 개념을 주장한 것으로 유명하다. 저서로 『몰입』, 『몰입의 즐거움』 등이 있으며 2021년 타계할 때까지 긍정심리학의 창시자 중 한 명으로 활발히 활동했다.

✚ 긍정심리학 학회를 창설하여 붐을 일으켰다

펜실베이니아 대학의 M. 셀리그먼은 미국 긍정심리학회의 초대 회장이기도 하며, 해당 분야의 오피니언 리더이다. 긍정심리학은 '인생을 더욱 가치 있게 만드는 것'을 주제로 하여 종래의 심리학과 다른 점을 강조한다. 또 '행복이란 무엇인가'를 실증적인 연구로 알아보며, '웰빙'의 'PERMA' 원리(44페이지 그림1-5- ② 참조) 등을 주장했다.

그의 중요한 업적으로는 동물 실험 등을 통한 '학습성 무력감'의 연구와 실패나 성공을 했을 때 무엇에서 원인을 찾을 수 있는지에 대한 '설명 스타일'의 연구이다.

이 '학습성 무력감'이라는 것을 예로 들어보면, 아기 코끼리가 쇠사슬에 묶여서 살게 됐을 경우, 성인 코끼리가 되어서도 쇠사슬을 끊지 못한다고 생각하게 되는 상태를 말한다. 또, '설명 스타일'은 성공과 실패를 했을 때 이유를 찾는 **'원인 귀속'**의 방법을 말한다. 예를 들어 성공했을 때 '낙관적'인 사람과 '비관적'인 사람의 설명 스타일의 차이는 자신과 타인의 이해에 있어서도 중요한 것이라고 할 수 있다.

키워드 심리학

원인 귀속

자신이 성공 혹은 실패를 했을 때의 변명이자, 원인을 무엇으로 하는가에 대한 타입의 분류를 말한다. 실패의 원인을 자신이라고 생각하는 사람에 비해, 타인과 환경 때문이라고 생각하는 사람은 낙관적이라도 반성은 할 수 없다는 것이다.

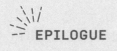
실천과 혁신의 심리학

일본의 기업가인 마츠시타 코노스케는 '현장을 알아야 한다'고
말했다. 또, 도요타에는 '현장에서 다섯 번 '왜'라고 물어보라'는
사내 격언이 있다. 이 두 가지 모두 '현장'이라고 하는 필드 워
크의 장소를 중요시하는 데 공통점이 있다. 이것은 실천일 뿐이
고, 과학과는 관계가 없다고 생각할지 모른다.

하지만 그렇지 않다. 왜냐하면 이 책에서 설명하는 심리학이
지향하는 바는 '실천의 장소를 어떻게 이해하는가'에 있으며,
'이것을 혁신하려면 어떻게 해야 하는지'이기 때문이다.

이를 위한 이론으로서 우리 학문의 기반은 인지과학, 심리학,
그리고 액티비티 이론에 있다. 이 분야에서의 은사이자 당시 도
쿄 대학의 사에키 유타카 교수님의 설명으로부터 많은 자극과
영향을 받았다. 이런 학문들의 특징은 기존의 심리학을 넘어서
뇌 과학과 인류학에 이르기까지 공부해야 하는 학제적인 내용
이라는 것이다.

또, 나는 비즈니스 기업가를 목표로 하고 있었기 때문에, 지방에서 학원을 운영하고, IT계 기업의 컨설턴트 일을 한 것은 소중한 경험이었다. IT에 의한 경영 개혁은 더욱 큰 시점에서 세상을 보게 되는 것과 연결됐기 때문이다. 특히 행운이었던 것은 마침 인터넷 시대의 막이 열렸던 때여서 많은 벤처 기업가와 교류하고, 세계적인 EXPO도 기획할 수 있는 자리가 있었다는 것이다.

그러면서 가질 수 있었던 많은 인연들, 특히 일본에 처음으로 위성 사무실 사업을 알린 시바타 이쿠오 선생님, 그리고 함께 비즈니스심리학회를 창설하신 선생님들, 그리고 사이토 이사무 회장님께 이 자리를 빌려서 깊은 감사의 말씀을 드리고 싶다.

지금까지의 학문과 실무 경험이 나를 강하게 만들었고, 또 이 책의 특징이 됐다고 확신한다.

마지막으로 이 책의 편집자로서 도와주신 오오쿠보 하루카 씨, 그리고 일상의 버팀목이 되어준 아내 타쿠미 아사미, 어머니 타쿠미 에이코, 장인, 장모님 타지마 오오미, 타지마 사다코에게도 마음속 깊이 감사를 드린다.

2022년 3월

타쿠미 에이치

사람의 마음을 움직이는
47가지 심리학 법칙

지은이 | 타쿠미 에이치
본문 일러스트 | 타카야나기 코타로
옮긴이 | 최우영
펴낸이 | 이동수

1판 1쇄 펴낸날 | 2022년 11월 20일
1판 4쇄 펴낸날 | 2024년 03월 19일

책임 편집 | 이형진
디자인 | ALL contents group
펴낸 곳 | 생각의날개

주소 | 서울시 강북구 번동 한천로 109길 83, 102동 1102호
전화 | 070-8624-4760
팩스 | 02-987-4760

출판 등록 | 2009년 4월 3일 제25100-2009-13호
ISBN 979-11-85428-69-7 03180